ANDREA STEFFEN

PäNZ

EIN STADTFÜHRER FÜR KINDER, ELTERN UND JEDEN, DER KÖLN MAG

EINLEITUNG

Kinder (auf Kölsch Pänz) sehen die Welt ein bisschen so, wie sie tatsächlich ist, und ein bisschen so, wie sie in ihren Gefühlen, Gedanken und Vorstellungen lebendig ist.
Dieses Buch ist ein Stadtführer mit einer Vielfalt von Anregungen für spannende Unternehmungen mit Kindern in Köln. Und es ist ein Bilderbuch, das zum fantasievollen Entdecken der großen Welt Köln einlädt. Am besten zu Hause auf dem Sofa oder irgendwo, wo es gemütlich ist. Wer dann Lust bekommen hat, loszuziehen, der findet hinten im Buch für unterwegs einige Köln-Pläne zum Herausnehmen. Viel Spaß bei der Entdeckungsreise!

Seite 7–38

GESCHICHTE

FORSCHEN

Seite 39–44

NATUR & TIERE

Seite 45–68

ESSEN & TRINKEN

Seite 69–80

PARKS & SPIELPLÄTZE

Seite 81–90

KÖLNER LIEBLINGE

Seite 91–104

WASSER

Seite 105–122

Seite 123–136

SPORT

KARNEVAL
Seite 137–146

HÖREN & SEHEN
Seite 147–160

Seite 161–167
KUNST

HALLO

DIE FARBE DES KAPITELS

GESCHICHTE

IST ROT.

SO WIE DER ROTE FADEN, DER SICH DURCH DIE ZEIT ZIEHT.

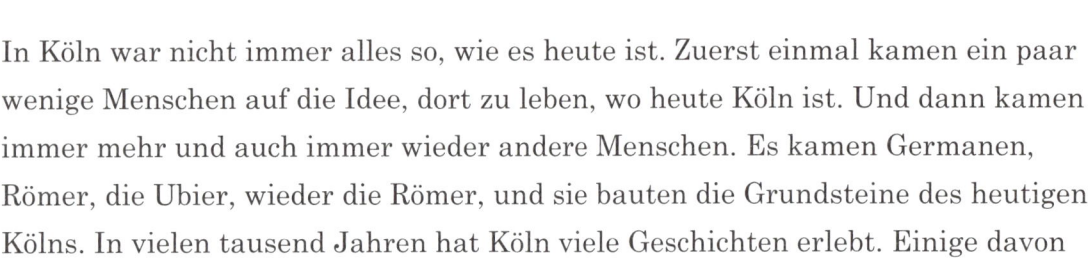

In Köln war nicht immer alles so, wie es heute ist. Zuerst einmal kamen ein paar wenige Menschen auf die Idee, dort zu leben, wo heute Köln ist. Und dann kamen immer mehr und auch immer wieder andere Menschen. Es kamen Germanen, Römer, die Ubier, wieder die Römer, und sie bauten die Grundsteine des heutigen Kölns. In vielen tausend Jahren hat Köln viele Geschichten erlebt. Einige davon werden hier erzählt.

Kölns Geschichte(n)
im Lauf der Zeit

WIE ALLES BEGANN

In der Steinzeit, also bis etwa 7000 Jahre vor Christus, war der Rhein ein wilder Strom, der oft das Land rundherum überschwemmte.
Die Menschen in der Nähe bauten ihre Siedlungen lieber etwas weiter weg vom Rhein, denn sie wollten ja keine nassen Füße bekommen.
Erst viele Jahrtausende später sah der Rhein dann in etwa so aus wie heute, und die Menschen trauten sich, in der Nähe des Flusses zu leben.

Viel Zeit verging. Zuerst gingen die Menschen auf die Jagd nach ihrem Essen. Später suchten sie sich Orte, an denen sie längere Zeit lebten, und dort hielten sie auch Tiere. Da, wo heute Köln ist, entstanden die ersten Siedlungen. Das Eisen wurde entdeckt. Zu dieser Zeit lebten die Kelten im Rheinland. Sie wurden abgelöst von den Germanen, die aus dem Norden kamen. Die waren sehr groß und stark und tranken gerne Bier. Die Germanen wären sicher geblieben, wenn da nicht die Römer gewesen wären. Sie eroberten auf ihrem Siegeszug durch Europa auch das Rheinland und vertrieben die Germanen von der linken Rheinseite.

STEINZEIT BRONZEZEIT EISENZEIT

UBIERSIEDLUNG

KLEINE GESCHENKE ERHALTEN DIE FREUNDSCHAFT

Die Ubier waren ein Germanenstamm, und sie waren mit den Römern befreundet. Da waren sie ganz anders als die übrigen Germanen, die mochten die Römer nämlich überhaupt nicht. Im Gegenteil, sie waren mit ihnen verfeindet. Weil die linke Rheinseite ja nun unbewohnt war, schenkten die Römer den Ubiern einen Hügel am Rhein. Dort konnten sie sich eine Siedlung bauen, die von den Römern dann Oppidum Ubiorum genannt wurde. Das bedeutet „Siedlung der Ubier".

Den anderen Germanen, die jetzt auf der rechten Rheinseite lebten, passte das natürlich gar nicht. Die Ubier galten als „Römerfreunde" und waren deshalb nicht sehr beliebt. Da war es gut, dass die Ubier den Hügel zu einem sicheren Ort mit einem Wall drum herum ausbauten. Die Ubiersiedlung war übrigens genau dort, wo heute die Innenstadt von Köln ist.

WOHER KÖLN SEINEN NAMEN HAT

Die Römerin Agrippina die Jüngere wurde 15 nach Christus in der Oppidum Ubiorum geboren. Ihre Eltern Agrippina die Ältere und der römische Feldherr Germanicus waren gerade dort, um nach dem Rechten zu sehen. Als Agrippina groß wurde, war sie ganz versessen darauf, so viel Macht wie möglich zu erlangen. Sie konnte gar nicht genug bekommen. Sie heiratete sogar ihren Onkel Claudius, um römische Kaiserin zu werden. Sie überredete Claudius, aus der Oppidum Ubiorum eine römische Kolonie zu machen und sie nach Agrippina zu benennen. So entstand die CCAA, die „Colonia Claudia Ara Agrippinensium". Ein ziemlich langer Name, aber zum Glück wurde er mit der Zeit immer kürzer: zuerst Colonia Agrippinensis, dann Colonia, dann Cöllen, dann Cöln und dann Köln, so wie heute. Agrippina war also die Namensgeberin von Köln.

DAS SÜSSE LEBEN
DIE RÖMER IN DER CCAA

Nachdem die Römer die Ubiersiedlung zur Kolonie gemacht hatten, richteten sie sich dort ganz nach ihrem Geschmack ein. Eine Stadtmauer mit Türmen wurde gebaut. Sie sollte vor Feinden schützen. Reste dieser Mauer kann man heute noch in Köln entdecken. Die Römer waren sehr wohlhabend und bauten sich große Paläste. Sie besaßen viele schöne Dinge und schwelgten im Luxus. (Im Römisch-Germanischen Museum kann man vieles aus dem Alltag der Römer sehen, siehe Seite 35). Die Germanen und auch andere Stämme waren natürlich immer noch in der Gegend, und irgendwann gelang es ihnen dann auch, das Gebiet zurückzuerobern. Bis es so weit war, hatten die Römer in der CCAA eine gute Zeit.

WAPPeN

Ursula war eine waschechte Prinzessin aus dem heutigen Großbritannien. Sie war sehr beliebt, weil sie besonders lieb, fromm (das bedeutet, sie glaubte an Gott) und schön war. Zusammen mit elf ihrer Freundinnen, den 11 Jungfrauen, machte sie eine Reise nach Rom, um dort den Papst zu besuchen. Sie fuhren mit dem Schiff auf dem Rhein. Auf dem Weg zurück nach Hause machten sie Halt in Köln, um sich ein wenig auszuruhen. Daraus wurde aber nichts, denn die Hunnen belagerten die Gegend, und das waren keine angenehmen Zeitgenossen. Der Hunnenkönig befahl, Ursula und ihre Freundinnen zu töten. Und so geschah es dann auch. Um Ursula zu rächen, kamen elftausend Engel vom Himmel und verjagten die Hunnen. Die elf Flammen im Kölner Stadtwappen erinnern an diese Geschichte.

* wie die drei Kronen ins Stadtwappen kamen, erfährst du auf der übernächsten Seite

KÖLN ←-----

Heilige 3 Könige

Im Mittelalter waren alle ganz verrückt nach Reliquien. Das sind Überbleibsel eines Heiligen, wie zum Beispiel Gebeine (also Knochen), eine Haarlocke, Kleidungsstücke, oder Dinge, die der Heilige berührt hat. Diese Dinge wurden sehr verehrt. Die Menschen nahmen auch sehr weite Wege in Kauf, um manche Reliquien sehen zu können. Die Heiligen drei Könige waren Weise aus dem Morgenland und brachten dem neugeborenen Jesus Geschenke. Sie waren ganz besonders beliebte Heilige. Der Kaiser Barbarossa brachte im Jahr 1158 ihre Gebeine als Beute aus Mailand mit nach Köln. Die Kölner waren sehr stolz, die Gebeine nun in ihrer Stadt zu haben, und sie fingen an, den Dom größer und schöner zu bauen, denn dort sollten sie aufbewahrt werden. Auch heute noch kann man den Dreikönigenschrein im Dom ansehen. Und auch die drei Kronen im Stadtwappen erinnern an die drei Weisen aus dem Morgenland.

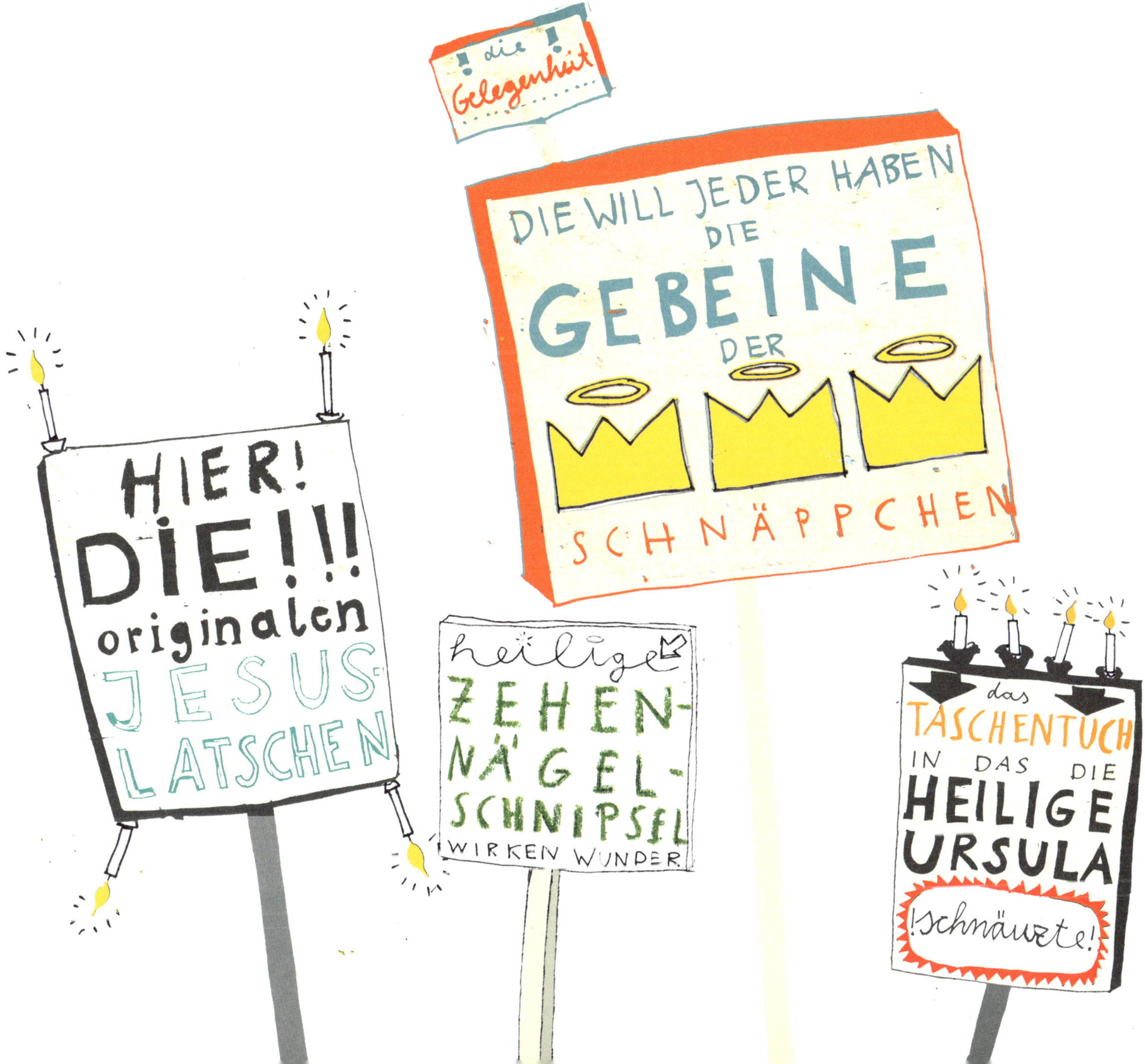

! die !
Gelegenheit
DIE WILL JEDER HABEN
DIE
GEBEINE
DER
SCHNÄPPCHEN
HIER!
DIE!!!
originalen
JESUS-
LATSCHEN
heilige
ZEHEN-
NÄGEL-
SCHNIPSEL
WIRKEN WUNDER
das
TASCHENTUCH
IN DAS DIE
HEILIGE
URSULA
!schnäuzte!

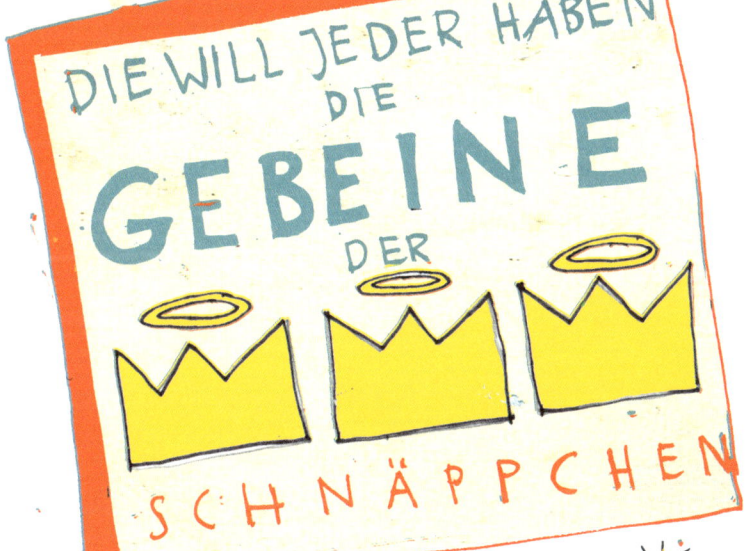

WORÜBER DA

TRÜMMER-BERGE
SO VIEL GRAS GEWACHSEN IST

Jeder weiß, was Krieg ist. Aber es ist ziemlich schwierig, sich vorzustellen, was Krieg bedeutet, wenn man selbst nie einen miterlebt hat. Im Zweiten Weltkrieg wurden unzählige Menschen getötet und ganze Städte zerstört, auch Köln. Als dann endlich wieder Frieden herrschte, lag die Stadt in Schutt und Asche. Nur der Dom war, wie durch ein Wunder, verschont geblieben. Nun mussten die Kölner alles neu aufbauen. Und zuerst mussten sie die ungeheuren Mengen von Trümmern wegschaffen. Sie packten all die Steine und Brocken in Transportwagen und karrten alles zu großen Bergen zusammen. So entstanden die elf Trümmerberge in Köln. Wenn du dir einen der Trümmerberge ansiehst, dann weißt du jetzt, woraus sie unter dem grünen Rasen bestehen. Vielleicht kannst du dir dann vorstellen, wie zerstörerisch ein Krieg sein kann.

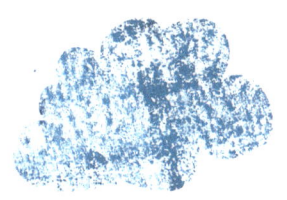

Wenn man darüber nachdenkt, wie die Trümmerberge entstanden sind, dann ist das ganz schön traurig. Zum Glück ist dort, wo wir leben, jetzt Frieden und kein Krieg. Die Sache mit den Trümmerbergen hat sogar eine gute Seite. Die Berge sind allerbestens geeignet für eine rasante Rodelpartie bei Schneewetter. Wenn in Köln Schnee liegt, kannst du es ja mal ausprobieren.

1 MELATEN

Melatenfriedhof; Melatengürtel, Weinsbergstraße, Aachener Straße; 50931 Köln Lindenthal; www.melatenfriedhof.de; geöffnet April–Oktober 7–20 Uhr, November–März 8–17 Uhr, Allerheiligen und Allerseelen 8–19 Uhr; Haltestelle Melaten.
Auf dem riesigen Melatenfriedhof ist Geschichte greifbar nah, viele berühmte Kölner wurden hier begraben. Die unzähligen Statuen, Figuren und kleinen Kapellen wirken mitunter sonderbar, manche auch gruselig. Zwischen den alten Mauern gibt es aber auch jede Menge Leben. Viele Tiere wie Eichhörnchen, Füchse, verwilderte Katzen und Fledermäuse sind hier zu Hause. Für einen Friedhof geht es hier ganz schön lebendig zu!

2 RÖMERTURM

Römerturm; Ecke Zeughausstraße/St.-Apern-Straße; 50667 Köln Innenstadt; Haltestelle Appellhofplatz. Der Römerturm steht seit mehr als 1000 Jahren immer noch an derselben Stelle, die früher die nordwestliche Ecke der Stadtmauer war. Der Turm hat sehr schöne Verzierungen, die aus unterschiedlichen Steinen gemacht sind. Im Mittelalter haben ihn die Nonnen des Klosters St. Klara eine Zeit lang als Klo benutzt.

Kölnisches Stadtmuseum 3

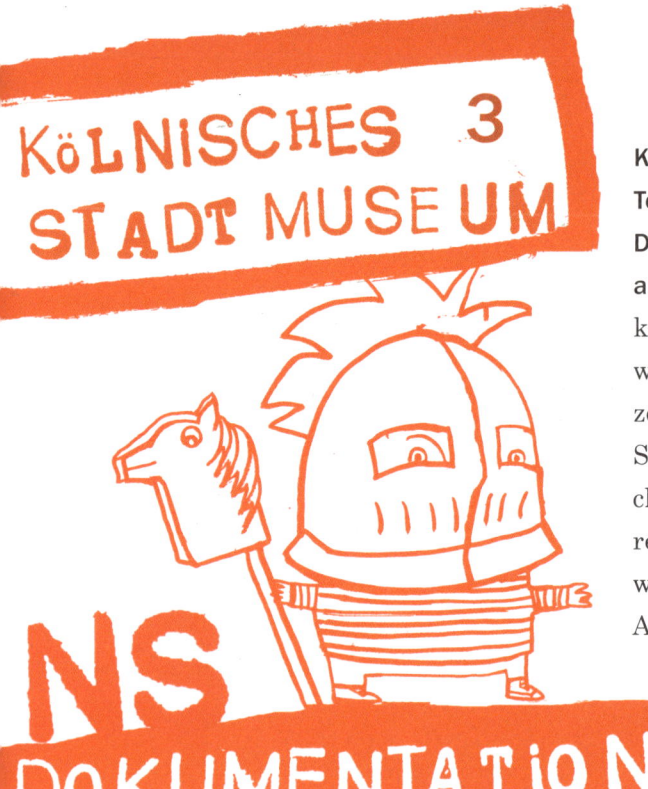

Kölnisches Stadtmuseum; Zeughausstraße 1–3; 50677 Köln Innenstadt; Tel. 0221 22 12 57 89; www.museenkoeln.de; geöffnet Mi–So 10–17 Uhr, Di 10–20 Uhr; Eintritt für Kinder 3 € für ein Kombiticket, 1,50 € für die Sonderausstellung; Haltestelle Appellhofplatz. Früher war das Zeughaus die Waffenkammer von Köln. Hier wurden Kanonen, Rüstungen und Musketen aufbewahrt. Heute kann man dort eine große Sammlung von Dingen sehen. Sie zeigen, wie die Menschen in Köln in vergangenen Zeiten gelebt haben. Am Stadtmodell von Köln im Jahr 1571 kann man damals und heute vergleichen. In einer Spezialabteilung erfährt man, wie Kölner Kinder vor 100 Jahren gelebt haben. Als tolles Extra dürfen Kinder nach einer Führung testen, wie sich ein Ritter in seiner Kleidung gefühlt hat: Eine Rüstung steht zum Anprobieren bereit.

NS Dokumentationszentrum 4

NS-Dokumentationszentrum im EL-DE-Haus; Appellhofplatz 23–25; 50667 Köln Innenstadt; Tel. 0221 22 12 63 32 (Sekretariat); nsdok@stadt-koeln.de; Gedenkstätte Dauerausstellung und Sonderausstellungen: Di, Mi, Fr 10–16 Uhr, Do 10–18 Uhr, Sa und So 11–16 Uhr; Eintritt für Kinder 1,50 €; Haltestelle Appellhofplatz. Was geschah in Köln in der Zeit des Nationalsozialismus? Im Dokumentationszentrum wird Kindern ab dem Grundschulalter erklärt, was in den Jahren vor und wärend des Zweiten Weltkrieges in Köln geschah.

5 Römisch-Germanisches Museum

Römisch-Germanisches Museum; Roncalliplatz 4; 50667 Köln Innenstadt; Tel. 0221 22 12 44 38, für Kinderaktionen den Museumsdienst anrufen: Tel. 0221 22 12 34 68; www.museenkoeln.de; Di–So 10–17 Uhr geöffnet; Eintritt für Kinder 3,50 €; Haltestelle Dom/Hauptbahnhof. Rom am Dom! Waren die alten Römer vor 2000 Jahren wirklich so, wie man sie aus Asterix und Obelix kennt? Wie haben sie überhaupt gelebt, was haben sie gegessen, und welche Spuren haben sie in Köln hinterlassen? Im Römisch-Germanischen Museum wird man zum Zeitreisenden.

6 Römische Hafenstrasse

Römische Hafenstraße; an der Südseite des Römisch-Germanischen Museums. Eine ziemlich holprige Angelegenheit ist diese alte Straße mit den großen Lücken zwischen den Steinen. Straßen bauen war wohl nicht gerade die Spezialität der Römer, könnte man da denken. Tatsächlich befand sich die Straße aber ursprünglich an einem anderen Ort. Dort sollte ein Parkhaus gebaut werden. Die Steine wurden herausgenommen und am Museum neu verlegt, und zwar mit größeren Lücken als zuvor. Die Römer können also nichts dafür, wenn man auf der Römerstraße auf die Nase fällt.

PRAETORIUM 7

Praetorium; Kleine Budengasse (Unter dem Rathaus); 50667 Köln Innenstadt; Tel. 0221 22 12 23 94; geöffnet Di–So 10–17 Uhr; Haltestellen Heumarkt oder Dom/Hauptbahnhof. Am alten Rathaus liegt unterirdisch das, was von einem römischen Palast übrig geblieben ist. Ein Praetorium war zu Römerzeiten das Dienstgebäude des Statthalters, der ein Vertreter des Kaisers war. Und es gibt noch etwas Spannendes zu entdecken: Vom Praetorium gelangt man in einen alten römischen Abwasserkanal, durch den man sogar hindurchgehen darf. Da gibt es auch einen roten Knopf, mal sehen, was passiert, wenn man den drückt!

Mikwe; Rathausplatz; 50667 Köln Innenstadt; die Mikwe ist während der Öffnungszeiten des Praetoriums (siehe oben) zugänglich. Schlüssel nach telefonischer Reservierung (Tel. 0221 22 12 23 94) an der Kasse des Praetoriums. Vielleicht hast du dich schon mal gefragt, was da unter der Glaspyramide am Rathausplatz in der Erde schlummert. Es ist die Mikwe, ein jüdisches Bad aus dem Jahr 1170. Das Bad liegt 16 Meter unter der Erde. Wenn du magst, kannst du den ausgetretenen Treppenstufen bis zum Wasserspiegel folgen … wie vor Hunderten von Jahren.

9 MUSEUM SCHNÜTGEN

Museum Schnütgen; Cäcilienstraße 29; 50667 Köln Innenstadt; Tel. 0221 22 12 36 20; www.museenkoeln.de; für Kinderaktionen den Museumsdienst anrufen: Tel. 0221 22 12 34 68; Di–Fr 10–17 Uhr; Sa und So 11–17 Uhr; Eintritt für Kinder 1,90 € für die Sammlung, 4 € für Sonderausstellungen; Haltestelle Neumarkt. Das Mittelalter begann vor etwa 1500 Jahren und dauerte 1000 Jahre! Unglaublich alt sind also die Dinge, die im Museum Schnütgen gezeigt werden, denn es zeigt Kunst aus dem Mittelalter. Bei speziellen Aktionen und Führungen können Kinder diese Zeit entdecken und erleben.

10 TRÜMMERBERGE

11 Trümmerberge; im Beethovenpark, Herkulesberg hinterm Mediapark, Aachener Berg, Efferer Berg, Äußerer Grüngürtel, Dreihügelpark, Vingster Berg, Deutzer Rheinpark, Takufeld, Riehler Aue, Gleisdreieck Nippes. Nach dem Zweiten Weltkrieg lag fast ganz Köln in Schutt und Asche. Bomben hatten die Häuser zerstört, und die Menschen karrten die Trümmer zu Bergen zusammen, um wieder Ordnung zu schaffen. Wer sich vor einen der riesigen Trümmerberge stellt, z. B. vor den im Beethovenpark, und sich vorstellt, woraus er besteht, der bekommt eine Idee davon, wie gewaltig die Zerstörung ist, die ein Krieg anrichten kann.

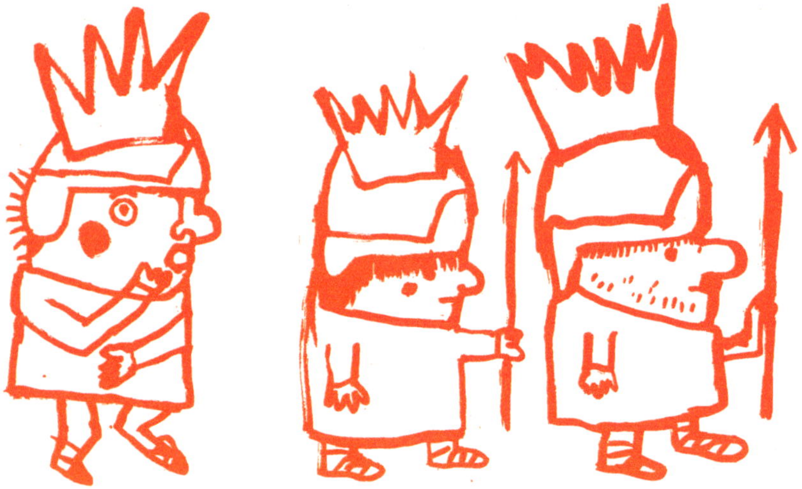

DIE FARBE DES KAPITELS

FORSCHEN

IST SILBERGRAU.

SO WIE DAS METALL, AUS DEM EIN ROBOTER GEMACHT IST, UND WIE DER BART EINES WEISEN ALTEN PROFESSORS.

HAFEN →

Niehler Hafen; Köln Niehl; Haltestelle Niehl Sebastianstraße oder Slabystraße. Riesige Container werden von noch riesigeren Kränen verladen, als wären es Legosteine. Hier kommt man schnell ins Staunen.

Mülheimer Hafen; Köln Mülheim; Haltestelle Wiener Platz oder Grünstraße. Eine Tour, auf der man sich die Schiffswerften ansieht, lässt sich in Mülheim gut mit einem Besuch im Jugendpark verbinden.

Deutzer Hafen; Köln Deutz; Haltestelle Drehbrücke. Der Deutzer Hafen und der Rheinauhafen liegen ganz nah beieinander. Bei einer kleinen Tour können die schönen alten Speicherhäuser und parkende Sportboote gesichtet werden.

PLANETARIUM

Planetarium; Blücherstraße 15–17; 50733 Köln Nippes; Tel. 0221 71 66 14 29; www.koelner-planetarium.de; Sa ab 18 Uhr, Einlass 17.30 Uhr; Eintritt frei; Haltestelle Florastraße. Der Weltraum, unendliche Weiten. Im Planetarium des Gymnasiums Blücherstraße kann man kleine Reisen zu den Sternen machen. Hier findet man die richtige Technik, um die Milchstraße, Sonne und Mond ganz nah erscheinen zu lassen. Die Vorführungen haben verschiedene spannende Themen wie z. B. „Leben im Raumschiff" oder „Am Rande unseres Sonnensystems".

HAUPT-BAHNHOF

Kölner Hauptbahnhof; Trankgasse 11; 50667 Köln Altstadt Nord; Tel. 0221 16 08 70 (Nummer der Colonaden); immer geöffnet; Haltestelle Dom/Hbf. Im Bahnhof herrscht immer ein großes Gewusel und Durcheinander. Rennende, schlendernde, wartende Menschen. Ankommende und abfahrende Züge. Durchsagen schallen durch die große Halle. Abends huschen hier und da Mäuse über die Gleise. Es lohnt sich also, einmal eine Entdeckungsreise zu starten. Ein echter Leckerbissen ist eine Geburtstagsfeier im Kölner Bahnhof, der vom Verkehrsclub Deutschland (www.bahnradweg.de) angeboten wird. Hier wird erklärt, gespielt und Kuchen gegessen. Ein echter Traumtag. Die Nachfrage ist riesig, früh anmelden!

STERNWARTE

CONTAINER-BAHNHOF

STRASSENBAHN-MUSEUM →

Sternwarte auf dem Schillergymnasium; Nikolausstraße 55; 50937 Köln Sülz; Tel. 0221 41 54 67; www.volkssternwarte-koeln.de; Vorträge Fr 19.30 Uhr und auf Anfrage, So 10.30–12 Uhr bei klarem Himmel, Kinder unter 12 Jahren Eintritt frei, Schüler 2 €; Haltestelle Weyertal oder Arnulfstraße. Freitagabends kann man in der Sternwarte den Mond und Sternenhaufen in Augenschein nehmen. Samstagvormittags wird dann die Sonne unter die Lupe, genauer gesagt unter den Spezialfilter genommen.

Containerbahnhof Eifeltor; zwischen Militärring und Salierring. Ein Erlebnis vor allem für etwas ältere Kinder. Vom Containerbahnhof fahren täglich zwei Züge nach Spanien, neun nach Italien und einer in die Schweiz. Es fahren aber keine Personen im Zug, sondern Güter. Also alle erdenklichen Dinge, die in großen Mengen von einem Ort zum anderen gebracht werden müssen, z. B. Gemüse oder Autoreifen. Ein Containerbahnhof ist eine spannende kleine Welt.

Straßenbahn-Museum; Gemarkenstraße 139; 51069 Köln Dellbrück; Tel. 0221 283 47 71; immer am zweiten Sonntag eines Monats von 11–17 Uhr geöffnet, Winterpause im Januar und Februar; Eintritt für Kinder zwischen 6 und 12 Jahren 1 €; Haltestelle Thielenbruch. Nostalgie schwebt durch die große Halle. Die alten Schätzchen sind jeden Besuch wert.

FLUGHAFEN

Flughafen Köln Bonn; Waldstraße 247; 51147 Köln Grengel; Tel. 02203 40 40 01 02; www.flughafen-koeln-bonn.de; Führungen Mo–Fr um 10, 11.45, 13.30 und 15.15 Uhr, für Gruppen ab zehn Teilnehmern nach Anmeldung Tel. 02203 40 43 88; für Kinder und Jugendliche kostenlos; Aussichtsterrassen Mo–So von 6.30–22 Uhr geöffnet; Eintritt frei; S-Bahnlinie 13 bis Flughafen. Von den Besucherterrassen aus hat man alles bestens im Blick, wenn die riesigen Flugzeuge starten und landen, wenn sie betankt und gewienert werden. Kleine Gepäckautos flitzen über das Rollfeld, und dutzende Koffer verschwinden in den Bäuchen der Jets. Auch wenn man gar nicht verreisen will, der Flughafen ist ein großes Abenteuer!

MÜLL

Restmüllverbrennungsanlage; Geestemünder Straße 23; 50735 Köln Niehl; Tel. 0221 717 01 55; kostenlose Führungen nach telefonischer Anmeldung; Haltestelle Geestemünder Straße. Der Müll kommt in die Mülltonne, und dann? Was passiert mit den Bergen von Müll, die die Kölner tagtäglich produzieren? Antworten gibt es hier für Kinder ab 9 Jahren.

WASSER MARSCH!

Feuerwehr Köln; Scheibenstraße 13; 50737 Köln Weidenpesch; Tel. 0221 97 48 40; Es finden regelmäßig Tage der offenen Tür statt; Haltestelle Scheibenstraße. Wenn es brennt, ruft man die Feuerwehr, und die kommt dann, um zu helfen. Aber man braucht zum Glück kein brennendes Haus, um sich einen Feuerwehrmann, einen Rettungshubschrauber und die Fahrzeuge aus nächster Nähe anzugucken. Bei einem Besuch bei der Feuerwehr kann man mal so richtig große Augen machen.

FEUERWEHR

DIE FARBE DES KAPITELS

NATUR & TIERE

IST GRÜN.

WIE GRÜNE WIESEN, PETERSILIE, ERBSEN UND GRASHÜPFER.

DER KÖLNER PFLANZENDOKTOR

GRÜNER

Menschen gehen zum Arzt, wenn sie krank sind, ganz klar. Und auch für Tiere gibt es einen Doktor, wenn ihnen mal was wehtut. Aber was ist, wenn die Zimmerpflanze sämtliche Blätter abwirft, als wäre Herbst im Zimmer? Was, wenn es den Kaktus zwackt oder die fleischfressende Pflanze einen Elefanten verschluckt hat? Der Kölner Pflanzendoktor in der Anzuchtgärtnerei im Botanischen Garten (siehe Seite 59) ist immer mittwochs von 15 bis 16 Uhr und per Telefon (0221 560 89 15) zu denselben Zeiten für alle Fragen offen.

KTOR

DAUMEN GESUCHT?

SOS

FLEISCHFRESSENDE PFLANZE

Oh

DER PFLANZENDOKTOR IST NATÜRLICH AUCH BEI WENIGER SPEKTAKULÄREN FÄLLEN ZUR STELLE

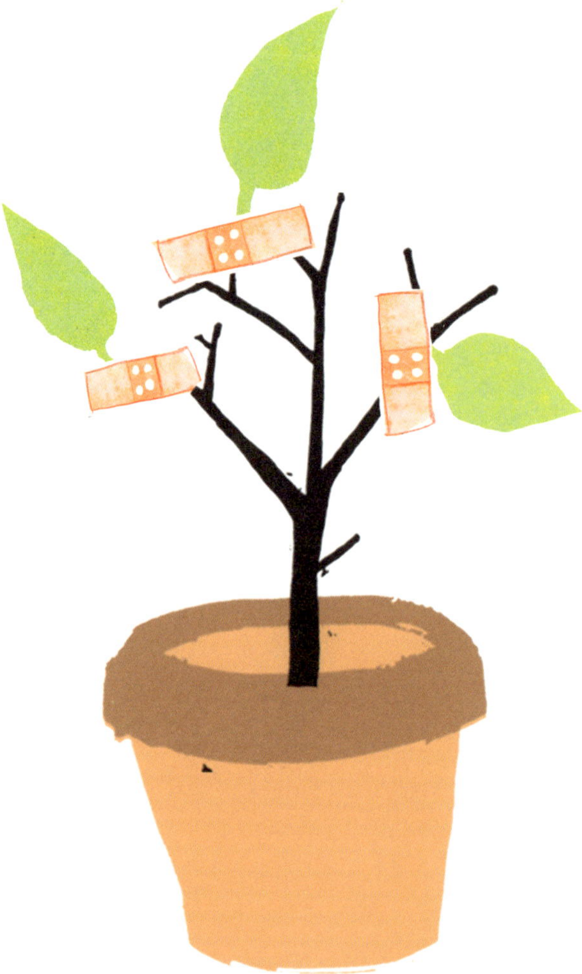

ZOOTIERE

WAS ZUM KUCKUCK IST EIN ERCKELFRANKOLIN*?

Wer im Zoo mal genauer hinguckt, der findet dort die verrücktesten Tiernamen. Wie um alles in der Welt sieht ein Erckelfrankolin aus? So was läuft einem ja nicht jeden Tag vor die Füße. Erschreckt die Gespenstschrecke nachts gerne die anderen Tiere im Zoo? Frisst ein Katzenhai vielleicht Mäusefische? Manchmal sehen die Tiere in Wirklichkeit dann ganz anders aus, als man sich das vorgestellt hat. Aber man darf ja wohl ein bisschen Quatsch machen, oder?

52

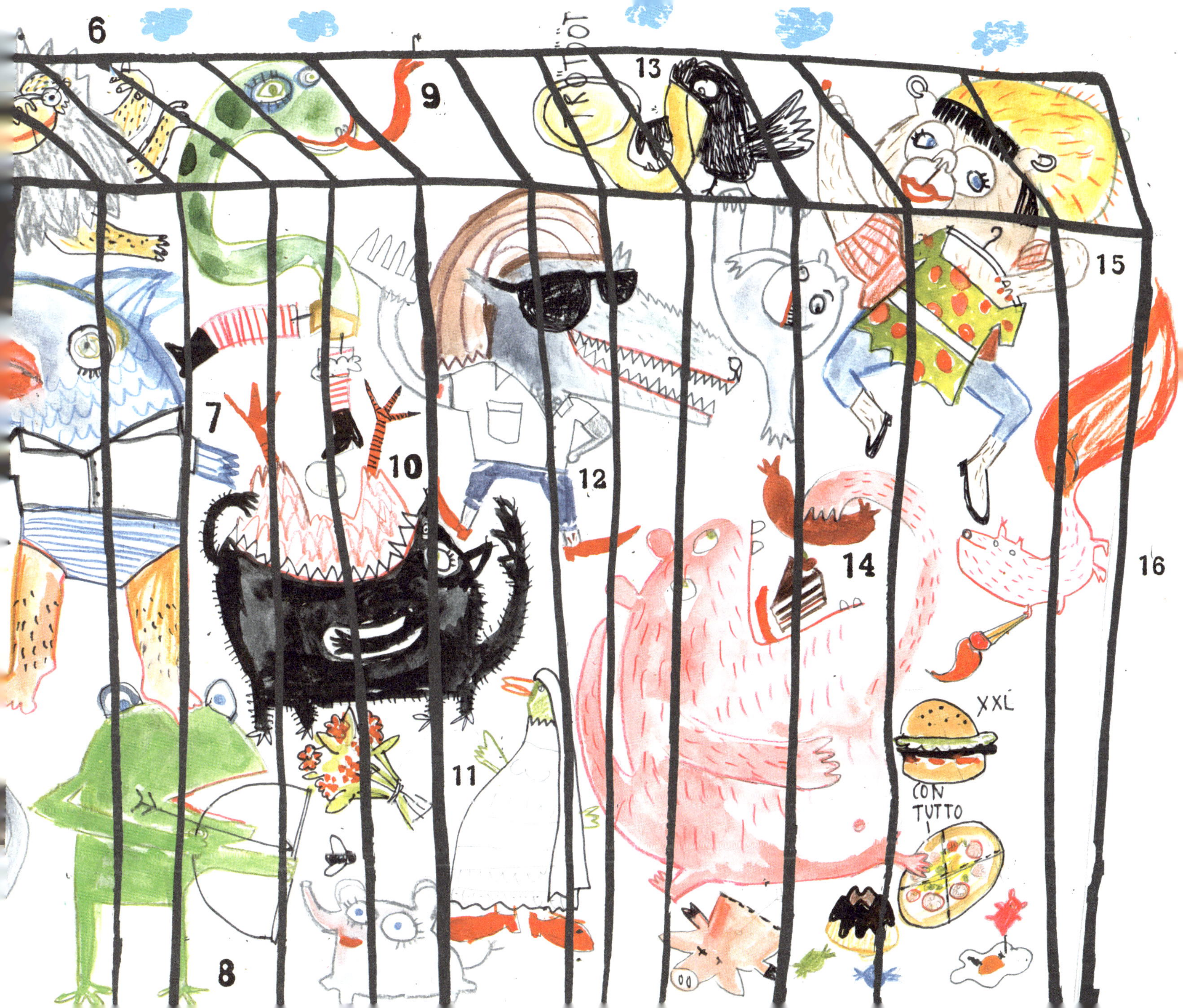
6
7
8
9
10
11
12
13
TROTDOT
14
15
16
XXL
CON TUTTO !

1. ___ STREIFENGANS
2. ___ SILBEROHRSONNENVOGEL
3. ___ KATZENHAI
4. ___ GESPENSTSCHRECKE
5. ___ PFEIFENTE
6. _____ BARTAFFE
7. ___ LUNGENFISCH
8. ___ PFEILGIFTFROSCH
9. ____ STRUMPFBANDNATTER
10. ___ HÜHNERFRESSER
11. ___ BRAUTENTE
12. ___ MÄHNENWOLF
13. ____ HORNRABE
14. _ NIMMERSATT
15. __ KLEIDERAFFE
16. _ FEUERWIESEL

* Aber was ist denn nun ein Erckelfrankolin? Wenn du es herausfinden willst, dann besuch es doch einfach im Kölner Zoo!

Fliegende Farbtupfen
PAPAGEIEN

Irgendwann einmal haben es ein paar Halsbandsittiche geschafft, aus ihrem Käfig auszubrechen. Dann wurden es immer mehr, mit der Zeit entstand eine richtige Papageiengroßfamilie. Sie treiben sich an vielen Orten in Köln herum. Wer einmal darauf achtet, welches Geräusch sie machen, der hört sie danach überall. Wenn man schnell genug ist, erhascht man gerade noch einen Blick auf einen knallgrünen Farbtupfen. Abends treffen sich die Papageien auf ihrem Schlafbaum, um sich für neue Ausflüge auszuruhen.

WAT HäS DO HÜCK JEMachT?

ISCH HANG MING OMA EM ZOO BESUCHT*

* für Nicht-Kölner: „Was hast du heute gemacht?" „Ich habe meine Oma im Zoo besucht."

NATUR

Großklärwerk Köln-Stammheim (Villa Öki); Egonstraße; 51061 Köln Stammheim; Tel. 0221 22 12 42 24; www.abwasserforum-koeln.de; Buslinie 152 ab Wiener Platz bis Haltestelle Egonstraße. In der blauen Villa Öki, die eigentlich ein Holzhaus ist, gibt es ein Labor, in dem Kinder selbst Wasserproben untersuchen können. Die Lehrer der Umweltschule zeigen, warum Wasser für Menschen so wichtig ist.

Botanischer Garten Köln (Flora); Amsterdamer Straße 34; 50735 Köln Riehl; Tel. 0221 56 08 90; Mo–So von 8 Uhr bis zum Einbruch der Dunkelheit; Gewächshäuser Oktober bis März 10–16 Uhr, April bis September 10–18 Uhr; Eintritt frei; Haltestelle Zoo/Flora. Im Botanischen Garten neben dem Kölner Zoo wachsen über 10.000 verschiedene Pflanzenarten. Im tropischen Klima der Gewächshäuser fühlt man sich fast wie im Dschungel, hier kann man auch nachlesen, warum die Banane denn nun wirklich krumm ist. Achtung! Im Tropenhaus nicht auf die herumrennenden Zwergwachteln treten, die allerlei Getier fressen, das für die Pflanzen schädlich sein könnte. Wer den Kölner Pflanzendoktor besuchen möchte, findet ihn hier im Botanischen Garten. Einmal im Jahr findet die Sommernacht in Zoo und Flora statt.

Grüne Schule Flora im Botanischen Garten; Haus Frauen-Rosenhof; 50735 Köln; Tel. 0221 560 89 23; siehe oben bei „Flora". In der Grünen Schule können Schulklassen den Unterricht raus in die Natur verlagern und alles über Pflanzen lernen. Im Schulgarten gibt es Gemüsebeete zum Bepflanzen samt Regenwürmern und Kräutern zum Probieren. Natürlich die Kräuter, nicht die Regenwürmer!

ROSENGARTEN

Rosengarten Fort X; Neusser Wall/Hülchrather Straße; 50670 Köln Neustadt Nord; Haltestelle Lohsestraße. Wenn man durch den Rosengarten auf dem alten Fort X, einer früheren Festung, flaniert, fühlt sich das märchenhaft an. Der perfekte Ort, um verwunschene Königstochter zu spielen und sich geheimnisvolle Geschichten auszudenken.

FREILUGA

Freiluft- und Gartenarbeitschule (Freiluga); Belvederestraße 159; 50933 Köln Müngersdorf; www.freiluga-schulbio.de; Haltestelle Alter Militärring, dann Buslinie 144 bis Kämpchensweg. Wer sich nicht über seinen eigenen Garten freuen kann, sollte der Freiluga mal einen Besuch abstatten und Radieschen säen, Kohlrabi ernten und die Bewohner der Teiche beobachten. Außerdem gibt es dort Kaninchen und Hühner und noch vieles mehr zu entdecken.

QUERWALDEIN

Querwaldein; Tel. 0221 261 99 86, Ansprechpartner Stephan Weinand; www.querwaldein.de. Mit Robin Hood unterwegs, eine Kompassralley durch den Sommerwald, eine Tour für Wasserforscher oder den Waldwichtel-Schnupperkurs. All das und mehr organisiert Querwaldein. Um an einer Tour teilzunehmen, muss man sich vorher anmelden. Die Touren finden z. B. im Stadtwald oder am Decksteiner Weiher statt.

Forstbotanischer Garten und Friedenswald; Schillingsrotter Straße 100; 50996 Köln Rodenkirchen; Tel. 0221 35 43 25; täglich geöffnet; Eintritt frei; Haltestelle Rodenkirchen. Wer einmal die Riesen unter den Bäumen, nämlich die Mammutbäume, sehen will, ist hier genau richtig. Aber auch andere Bäume aus der ganzen Welt findet man hier. Ob auf dem Kuchenbaum wirklich Kuchen wächst? Und weil man auf Bäume so gut klettern kann, gibt es im Friedenswald große Sandflächen mit Baumstämmen zum Toben. Der Friedenswald trägt seinen Namen als Zeichen des Friedens zwischen allen Ländern der Erde. Aus jedem einzelnen Land gibt es hier einen Baum.

Finkens Garten; Friedrich-Ebert-Straße 49; 50996 Köln Rodenkirchen; Tel. 0221 285 73 64; Sa, So und feiertags von 9–18 Uhr geöffnet; Eintritt frei; Haltestelle Rodenkirchen oder Buslinie 131 bis Haltestelle Konrad-Adenauer-Straße. In diesem Erlebnisgarten warten unzählige Naturabenteuer: Pilzgarten, Blütenduft, Bienenhaus (hier kann man Honig direkt von den Bienen probieren), Grillenzirpen, Nasengarten, Käferkrabbeln, Maggikauen und sozialer Wohnungsbau für Vögel ... Finkens Garten ist ein Projekt der UN-Weltdekade.

Gut Leidenhausen Obstmuseum; Grengeler Mauspfad; 51147 Köln Porz-Eil; Tel. 02203 399 87; täglich geöffnet; Eintritt frei; Buslinie 152 bis Haltestelle Eil/Heumarer Straße. Hier werden nicht etwa, wie man vermuten könnte, Äpfel und Birnen in Vitrinen ausgestellt, sondern es gibt ca. 70 verschiedene vom Aussterben bedrohte Obstbäume auf der wilden Obstwiese zu entdecken. Naschen erlaubt!

TIERE

Jugendfarm Wilhelmshof; Bergheimer Weg 27; 50737 Köln Heimersdorf; Tel. 0221 599 29 26; www.jugendfarm-wilhelmshof.de; Di–Fr 13–18 Uhr (außerhalb der Ferien); Sa und So Gruppen- und Projektarbeit; Eintritt frei; Haltestelle Heimersdorf. Nach einem Computer sucht man hier vergeblich. Stattdessen kann man so richtig rennen, spielen und Abenteuer erleben. Wer zwischen 7 und 10 Jahre alt ist und dazu noch gerne Tiere mag, wird sich auf dem Wilhelmshof wohlfühlen. Denn dort wohnen Ponys, Schafe, Esel, Hunde, Kaninchen, Katzen, Gänse, Pfauen und Ziegen, die gefüttert und gepflegt werden wollen. Außerdem wandert so manches Gemüse aus dem Garten direkt auf den Teller.

Wildpark Dünnwald; Dünnwalder Mauspfad; 51069 Köln Dünnwald; Tel. 0221 60 13 07; stets zugänglich, Eintritt frei; Haltestelle Odenthaler Straße oder Buslinie 154 bis Haltestelle Wildpark. Hier gibt es Wildschweine, Hirsche und Mufflons in freier Wildbahn zu sehen, und danach kann man wunderbar im Grünen picknicken oder sich im nahe gelegenen Waldbad (siehe Seite 122) eine Erfrischung holen.

Zoo

Zoologischer Garten Köln; Riehler Straße 173; 50735 Köln Riehl; Tel. 01805 280 101; www.zookoeln.de; im Sommer täglich von 9–18 Uhr, im Winter von 9–17 Uhr geöffnet; Haltestelle Zoo/Flora, Rheinseilbahn und Mülheimer Boote; Eintritt für Kinder 6 €, für Geburtstagsfeiern 50 € bis zehn Kinder, 65 € bis 15 Kinder, freier Eintritt für das Geburtstagskind; rund um die Uhr im Zoo 100 €; Nachtexpedition 15 €, April bis Oktober jeden 2. und 4. Freitag im Monat; Zoo am Abend 20 €, April bis Oktober immer freitags; Nächtliche Entdeckungsreise im Aquarium 12 €, jeden 2. und 4. Freitag im Monat; Taschenlampenführung Aquarium 14 €, November bis März jeden 1. Freitag im Monat.

Im drittältesten Zoo Deutschlands ist immer was los, gibt es immer wieder etwas Neues zu entdecken! Im Elefantenhaus stiehlt der Nachwuchs allen anderen Tieren die Show. Für einen Abstecher in die Tropen besucht man das Regenwaldhaus, wo auch Vögel und Flughunde frei umherfliegen, außerdem werden vielerlei Informationen über die Bedrohung des Regenwaldes angeboten.

Im Urwaldhaus kann man die Gorillas und Orang-Utans besuchen, und zur Erfrischung geht es dann ins Aquarium. Aber es gibt noch mehr zu erleben: Bei Führungen durch den Zoo wird erklärt, wie die Tiere ihren Tag verbringen (sonntags ist die Führung kostenlos).

Besonders spannend ist auch eine Nachtexpedition zu den nachtaktiven Tieren (Kinder ab 8). „Zoo am Abend" führt zu den Raubkatzen und Eulen im Dämmerlicht und wird gekrönt durch einen nächtlichen Besuch im Regenwald. Bei einer Entdeckungsreise durch das Aquarium bei Nacht gibt es Riesenschlangen, Piranhas und Gespenstschrecken zu bewundern. Außerdem kann man an einer Taschenlampenführung durchs Aquarium teilnehmen. In den Ferien sind kostenfreie Rätselspiele und Safaris auf dem Zoogelände im Angebot.

Geburtstagskinder können mitsamt ihren Freunden im Zoo feiern, und man kann sogar einen kompletten Tag im Zoo verbringen (Kinder von 8 bis 14), inklusive Tiere füttern, ausmisten, abendlichem Grillfeuer und Schlafen im Zelt (wer hier Interesse hat, sollte sich schon früh anmelden, da die Termine immer schnell ausgebucht sind).

Zooschule, siehe Kölner Zoo; Tel. 0221 77 85 116. Zusammen mit ihrer Schulklasse können Kinder in der Zooschule so einiges Interessantes über Tiere erfahren. Hier kommt man so manchem Tier richtig nahe, darf auch mal anfassen und erlebt Zootiere mit allen Sinnen. Die Zooschule hat sich zum Ziel gesetzt, Natur- und Umweltbewusstsein bei Kindern zu fördern.

Galopprennbahn Köln Weidenpesch; Rennbahnstraße 152; 50737 Köln Weidenpesch; Tel. 0221 974 50 50; www.koeln-galopp.de; immer zugänglich; Mo–Sa 6–11 Uhr Training; Tageskarte 5–12 €; Haltestelle Scheibenstraße. Ein Besuch der Galopprennbahn ist faszinierend! Die Renntage sind voll Trubel und Spannung. Die Erwachsenen fiebern eifrig mit und hoffen, dass ihr Pferd das schnellste ist. Ein wenig ruhiger geht es zu, wenn man schon früh am Morgen den Jockeys beim Trainieren zusieht. Aber auch das ist ein tolles Erlebnis.

Papageien

Papageien auf ihren Lieblingsbäumen; Zooeingang; Melaten; Rheinpark und in vielen Kölner Parks. Die frei lebenden Sittiche haben sich ihre Lieblingsplätze in Köln ausgesucht. Besonders abends kann man beobachten, wie sie alle eintrudeln, um sich auf einem Baum von ihrem anstrengenden Tag zu erholen, denn die Papageien sind immer auf Achse und kommen viel rum (siehe Seite 55).

Tierheim Dellbrück

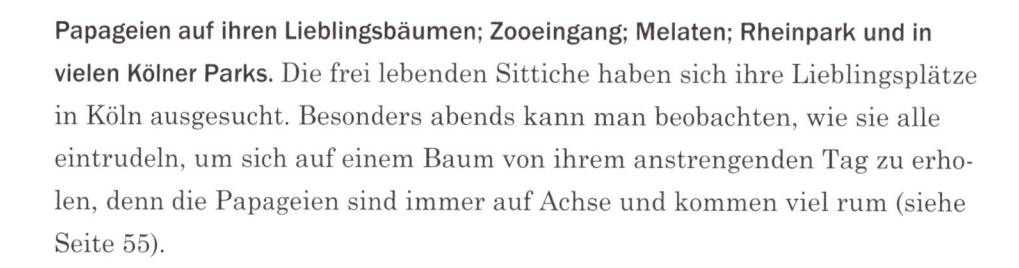

Tierheim Dellbrück; Iddelsfelder Hardt; 51069 Köln Dellbrück; Tel. 0221 68 49 26; www.tierheim-koeln-dellbrueck.de; Mo, Mi, Do und Fr 15–17 Uhr, Sa 14–17 Uhr; Haltestelle Dellbrücker Mauspfad. Zusammen mit einer Person, die älter als 18 Jahre ist, kann man „ehrenamtlicher Hundeausführer" werden. So nennt man die Leute, die den Tieren ohne Herrchen und Frauchen helfen möchten, indem sie mit ihnen spazieren gehen. Wer wissen will, wie sich Meerschweinchen oder Kaninchen am wohlsten fühlen, der findet außerdem wertvolle Tipps auf der Homepage des Tierheims.

Fledermaushotel

Kölner Fledermaushotel; Egonstraße; 51061 Köln Stammheim; Tel. 0221 22 12 42 24 (Nummer der „Fledermausfrau in der Villa Öki"); www.koelner-fledermaushotel.de; Haltestelle Egonstraße. Im Winter müssen Kölner Fledermäuse gar nicht in den warmen Süden fliegen, denn im Fledermaushotel sind Luxuszimmer frei! Die Flattermänner werden auf diese Weise davor geschützt, sich auf ihrer Reise zu verirren oder von anderen Tieren gefressen zu werden.

PONYREITEN

TIERPARK STADTWALD

← GUT LEIDENHAUSEN

Ponyreiten im Stadtwald; Kitschburger Straße; 50933 Köln Lindenthal; www.pony-reiten.de; Sa 13–18 Uhr, So und feiertags 11–18 Uhr bei trockenem Wetter; Haltestelle Dürener Straße/Gürtel; 2,50 € pro Ritt, 10-er Karte 20 €. Vor dem Eingang des Tierparks im Stadtwald steht die Belegschaft des Ponybetriebes der Familie Fuss und wartet auf Kinder, die vorbeikommen, um mit ihnen über die verzweigten Waldwege des Stadtwalds zu reiten, und das schon seit 1973!

Tierpark Lindenthal; Kitschburger Straße; 50933 Köln Lindenthal; Tel. 0221 43 34 96; www.lindenthaler-tierpark.de; Mo–So 9–16 Uhr, je nach Saison länger; Eintritt frei. Ein Gehege mit einigen Ziegen, Schafen, Ponys und Rehen lädt zum Streicheln ein, und wenn einer der Pfaue im Tierpark seine Show abzieht und sein Rad schlägt, dann ist das schon eine kleine Attraktion.

Gut Leidenhausen (Haus des Waldes/Greifvogelstation); Grengeler Mauspfad; 51147 Köln Porz-Eil, Tel. 02203 399 87; So und feiertags April bis September 10–18 Uhr, Oktober bis März 10–17 Uhr; Wildgehege und Vogelstation Eintritt frei, Haus des Waldes 1 €, Familienkarte 5 €; Buslinie 152 bis Haltestelle Eil/Heumarer Straße, dann sind Schilder vorhanden. Die Wildschweine grunzen wild, Hirsche verstecken sich vorsichtig im Gebüsch. In der Greifvogelschutzstation äugen Schneeulen und Uhus von ihrem Ast herab. Hier steht auch das Haus des Waldes, in dem man viel darüber lernen kann, welche Geheimnisse und Eigenarten ein Wald besitzt.

68

ESSEN & TRINKEN

DIE FARBE DES KAPITELS IST SCHOKOBRAUN.

SO WIE LECKERE SCHOKI, UND PRALINEN MIT SCHOKOLADENSOßE

Schokolade gibt es schon seit über 3000 Jahren. Die indianischen Völker in Mittelamerika, das ist dort, wo heute Mexiko liegt, das waren die Maya und die Azteken. Sie liebten Schokolade. Aber keine Schokoladentafeln, Schokoriegel, Schokosahnetorte oder Pralinen, sondern Kakao. Und der war gar nicht süß, sondern z. B. mit Chili scharf gewürzt. Sie nannten den Kakao, aus dem die Schokolade ja gemacht wird, „Speise der Götter". Er war damals etwas ganz Besonderes.

SCHOKOLADEN-MUSEUM
DAS MmmUSEUM

Heute ist Schokolade immer noch etwas ganz Besonderes, und man kann sie auf der ganzen Welt genießen. Und es gibt das Schokoladenmuseum, in dem man eine süße Zeitreise unternehmen kann. Man erfährt, wie Schokolade überhaupt gemacht wird – von der Kakaobohne bis zur fertigen süßen Leckerei, die alle so gerne mögen. Und als kleines Extra gibt es einen Brunnen, in dem kein Wasser, sondern Schokolade fließt. Fast wie im Schlaraffenland.

MITTEL-AMERIKA VOR 3000 JAHREN

Wer sind die denn?

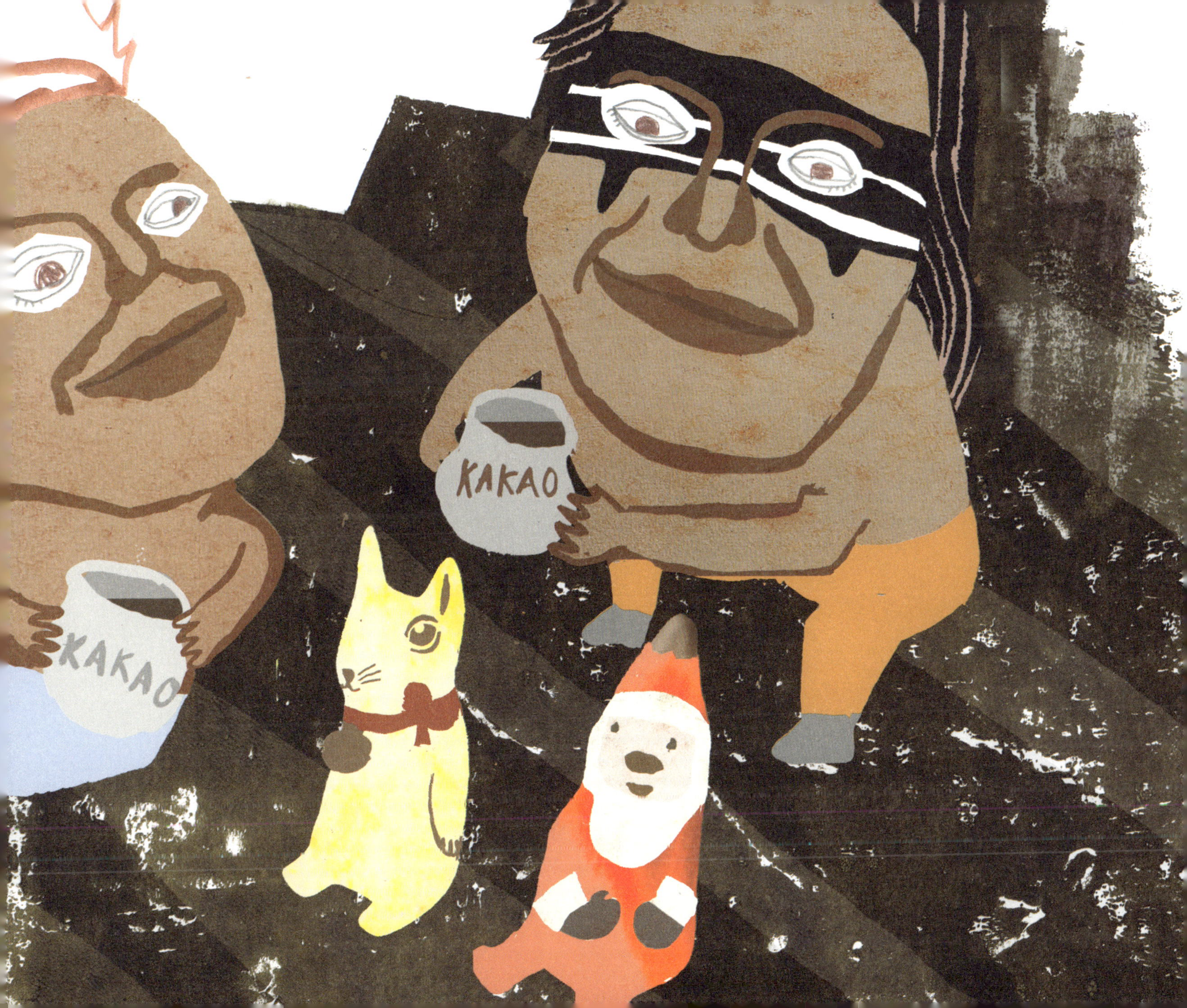
KAKAO
KAKAO

UND ZWISCHENDURCH:
"NE HALVE HAHN"

"PUH! GLÜCK GEHABT!"

½ ≠ HALVE HAHN

RÖGGELCHEN + DICK BUTTER + SENF EIN BISSCHEN + 2 DICKE SCHEIBEN GOUDA

VIELLEICHT EIN WENIG GÜRKCHEN

= NE HALVE HAHN

Himmel und Erde
Himmel un Äd

1 kg mehlig kochende Kartoffeln, 1 kg saure Äpfel, Butter, Salz, Zucker, Öl, Zwiebeln und 500 g Blutwurst. Kartoffeln in Salzwasser kochen und zu Püree stampfen. Gleich ein Stück Butter unterrühren. Dann die Äpfel mit Zucker kochen und ebenfalls stampfen. Während dessen Zwiebelringe und nach Geschmack Blutwurst in Öl kross braten. Kartoffeln und Äpfel verrühren und abschmecken. Auf Teller geben und gebratene Blutwurst und Zwiebelringe darüber verteilen. Das Gericht hat seinen Namen von den Äpfeln, die nah am Himmel am Baum hängen, und den Kartoffeln, die in der Erde wachsen.

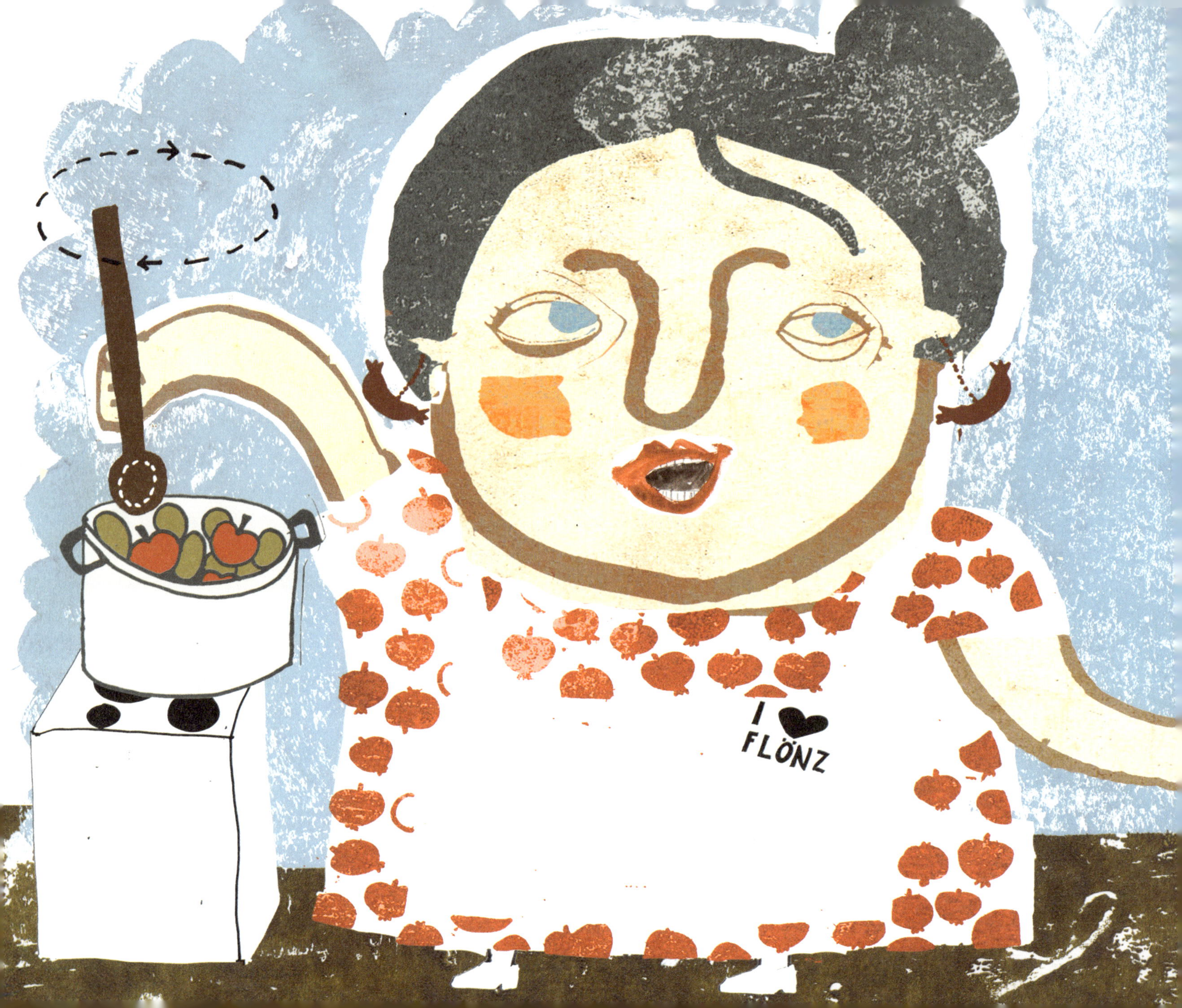
I ♥
FLÖNZ

ÄPFEL VOM HIMMEL UND KARTOFFELN AUS DER ERDE. DAHER KOMMT DER NAME DES KÖLSCHEN GERICHTS.

LOLLYPOP

Kindercafé Lollypop; Berliner Straße 973; 51069 Köln Dünnwald; Tel. 0221 60 55 68 oder 0221 60 77 98; www.lollypop-koeln.de; Café Di + Do 15–18 Uhr geöffnet, vormittags und nachmittags Spielgruppen; Eintritt frei, mit Selbstverpflegung 3 €, Vermietung für Geburtstage etc. 40 €; Haltestelle Odenthaler Straße. Im Kindercafé gibt es Kuchen und Saft für die Kinder und Kaffee für die Eltern zu günstigen Preisen. Nebenan können die Kleinen spielen. Außerdem werden Spiel- und Krabbelgruppen angeboten.

CAFÉ AIDA

Café Aida; Merheimer Straße 195; 50733 Köln Nippes; Tel. 0221 78 96 28 32; www.aida-galerie-cafe.de; Haltestelle Florastraße. Im kinderfreundlichen Biergarten mit Spielplatz kann man sich austoben, und dann gibt's zur Stärkung leckere Speisen aus der lateinamerikanischen Küche.

ALTE FEUERWACHE

Alte Feuerwache; Melchiorstraße 3; 50670 Köln Neustadt Nord; Tel. 0221 973 15 50; www.altefeuerwache.de; Haltestelle Ebertplatz. Der beste Ort für einen Brunch mit Kind und Kegel. Auf der Terrasse sitzend können Eltern ihren Kaffee schlürfen, während die Kleinen gleich daneben im Innenhof spielen. Und nach einem gemütlichen Frühstück kann man dann noch ein wenig auf dem Flohmarkt stöbern, der einmal im Monat im Hof stattfindet.

MUCKEFUK

Café Muckefuk; Hansemannstraße 5; 50823 Köln Ehrenfeld; Tel. 0221 170 54 92; www.muckefuk-koeln.de; Di–Fr 10–18 Uhr, Sa 10–13 Uhr; Haltestelle Venloer Straße/Gürtel. Gemütlich in der Sofaecke lümmeln und dabei Kuchen essen und Limo trinken und in der großen Spielecke spielen. Die Eltern trinken Kaffee, quatschen und stöbern im Kinder-Second-Hand-Bereich – in welchem anderen Café kann man das schon?

← KINDER-KOCHCLUB

Kochclub im Kölner Jugendwerkzentrum; Geisselstraße 1; 50823 Köln Ehrenfeld; Tel. 0221 51 43 41; www.kjwz.de; die Aktionen sind kostenlos, evtl. fallen Materialkosten an; Haltestelle Körnerstraße. Erst wird auf dem hauseigenen Dachgarten des Jugendzentrums Gemüse geerntet, dann wird gemeinsam der Kochlöffel geschwungen, gebrutzelt und geschmaust. Klingt, als wäre es vier Sterne wert.

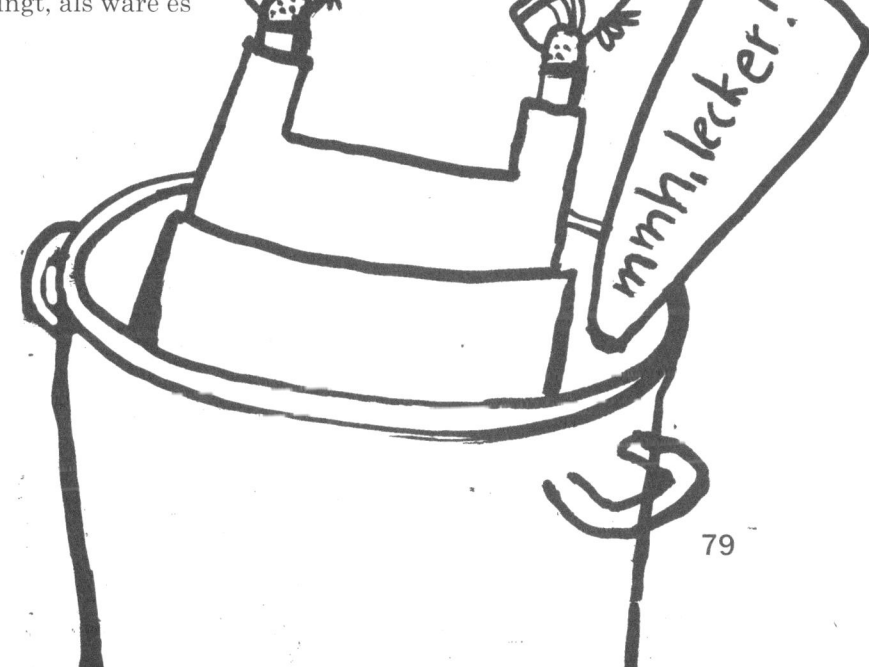

STADTWALD-GARTEN

Restaurant Stadtwaldgarten; Aachener Straße 701; 50933 Köln Müngersdorf; Tel. 0221 499 55 51; www.stadtwaldgarten.de; Haltestelle Alter Militärring. Wer im Stadtwald ausgiebig spielt oder radelt, der hat anschließend mächtig Hunger. Im Stadtwaldgarten gibt es tolle Kinderteller, ein Kindermenü und Pfannkuchen nach Herzenslust: mit Marmelade, Eis und Sahne, Nutella oder Apfelmus. Kinder, die kleiner als einen Meter sind, bekommen einen Pfannekuchen gratis. Eine Spielecke ist auch vorhanden.

Pizzeria PARADISO

Pizzeria Paradiso; Brücker Mauspfad 631; 51109 Köln Brück; Tel. 0221 84 41 65; geöffnet Mo–Fr 12–15 Uhr und 17.30– 23 Uhr, Sa und So 12–23 Uhr; Haltestelle Brück Mauspfad. Das Pizzaparadies hat einen Spielsalon mit Sofa und natürlich Pizza in allen Varianten und nach jedermanns Geschmack zu bieten. Kindergruppen und Geburtstagsgruppen sind herzlich willkommen, dann sollte man aber vorher anrufen und sich anmelden.

DIE FARBE DES KAPITELS

PARKS & SPIELPLÄTZE

IST HIMMELBLAU.

SO WIE DER HIMMEL ÜBER EINEM PARK BEI SCHÖNEM WETTER.

PARKS

Takufeld; Subbelrather Straße/Takustraße; 50825 Köln Neuehrenfeld; Haltestelle Leyendeckerstraße. Weite Wiesen laden zum ausgiebigen Spielen und Toben ein. Takufeld, Takustraße und Takuplatz wurden übrigens nach einem geschichtlichen Ereignis im Jahr 1900 benannt. Deutsche Kriegsschiffe griffen damals die chinesischen Taku-Forts, also Festungen, am Peiho-Fluss an.

Blücherpark; zwischen A57, Parkgürtel und Escher Straße; 50739 Köln Bilderstöckchen; Haltestelle Escher Straße. Der Blücherpark hat viel Charme: Löwen aus Stein bewachen die grüne Insel mit ihrem Blumengarten, den Alleen, geometrischen Wiesen und dem Ententeich.
Aber Fußball spielen, Rad fahren und grillen kann man hier natürlich auch.

Rheinpark und Jugendpark; 50679 Köln Deutz, zwischen Hohenzollernbrücke und Mülheimer Brücke; Haltestelle Deutzer Freiheit. In den Rheinpark mit seinen großen Liegewiesen kommen Sonnenanbeter und grillende Familien, Inlineskater und spielwütige Kinder. Quer durch den Park fährt eine vom Künstler Ottmar Alt bunt gestaltete Minibahn. Am Rheinufer kann man unter alten Weiden am Sandstrand liegen oder mit der Rheinseilbahn rüber zum anderen Ufer gondeln.

Innerer Grüngürtel; Am Aachener Weiher, Venloer Straße bis Aachener Straße; 50933 Köln Neustadt Süd; Haltestelle Hans-Böckler-Platz/Bahnhof West oder Moltkestraße. In Kölns größtem Park gibt es außer viel Platz zum Sonnen und Spielen auch einen Basketballplatz, ein Badmintonfeld, Tischtennis, Möglichkeiten zum Skaten und Inlineskaten und einen Wasserspielplatz (siehe Seite 115).

GRÜNGÜRTEL

Äußerer Grüngürtel; Dürener Straße, Aachener Straße, Kitschburger Straße; Köln Lindenthal; Haltestelle Brahmsstraße oder Wüllnerstraße. Der Name Grüngürtel kommt von seiner langgezogenen Form, die sich wie ein langes Band von Lindenthal bis ins südliche Köln erstreckt. Ausgiebig spazieren oder Rad fahren auf der schönen Kastanienallee, auf der Wiese liegend den Schwänen auf dem Decksteiner Weiher zusehen, bolzen gleich neben dem Geißbockheim ... im Grüngürtel hat man unendlich viele Möglichkeiten.

BEETHOVENPARK

Beethovenpark; Neuenhöfer Allee Militärringstraße, Castellauner Straße, Berrenrather Straße; 50937 Köln Sülz; Haltestelle Berrenrather Straße/Gürtel oder Klettenbergpark. Der beste Park zum Bolzen, denn die großen flachen Wiesen bieten dafür reichlich Platz. Im Rosengarten ist es schön ruhig und überschaubar. Hier können die Eltern auf der Wiese dösen und haben die Kleinen beim Spielen im Auge. Der steile Hügel mit dem Betonpilz oben auf der Spitze ist im Winter eine tolle Rodelstrecke.

VOLKSGARTEN

Volksgarten; Eifelstraße, Volksgartenstraße, Vorgebirgsstraße; 50677 Köln Südstadt; Haltestelle Eifelstraße oder Ulrepforte. Der Volksgarten ist bei Eltern und Kindern sehr beliebt. Über die verschlungenen Wege gelangt man zu zwei Spielplätzen und zum Ententeich. Auf den Wiesen stehen Tische und Bänke aus Holz, auf denen man prima picknicken kann.

RÖMERPARK

Friedenspark und Römerpark; Oberländer Wall, Titusstraße, Claudiusstraße; 50678 Köln Südstadt; Haltestelle Chlodwigplatz. Der Friedenspark liegt direkt am Rhein und bietet eine märchenhafte Stimmung mit vielen wild wuchernden Pflanzen zwischen Steinstufen, Treppen, Wassergraben, Rosengarten und Bauspielplatz (siehe Seite 89). Gleich nebenan liegt der Römerpark mit zwei Spielplätzen.

POLLER WIESEN

Poller Wiesen; Alfred-Schütte-Allee und Weidenweg; zwischen Deutz und Autobahnbrücke; Köln Deutz und Poll; Haltestelle Poller Kirchweg oder Drehbrücke. Auf den Poller Wiesen unterhalb der Alfred-Schütte-Allee hat man einen wunderschönen Ausblick auf Rhein und Dom. Weiter in Richtung Poll findet man dann weite, flache Wiesen. Hier wird viel Fußball gespielt und gegrillt. Und am Rheinufer kann man zur Abkühlung die Füße ins Wasser stecken.

GROOV

Park auf der Freizeitinsel Groov; Am Markt; 51143 Köln Zündorf; Haltestelle Zündorf. Der Park auf der Freizeitinsel Groov liegt an einem Hafen. Ein schöner Platz, um nach einem bunten Inselprogramm bei strahlendem Wetter ein gemütliches Picknick einzulegen.

SPIELPLÄTZE

BAUSPIELPLATZ

MEDIA-PARK

KLINGELPÜTZ

Der Bauspielplatz; Abendrothstraße 7a; 50769 Köln Seeberg; Tel. 0221 700 87 66; Haltestelle Chorweiler. Im Kölner Norden kann man auf wirklich sagenhaften 5000 qm bis zum Umfallen spielen, durch Tunnel und an der Kletterwand klettern und Seilbahn fahren. Außerdem wohnen auch Tiere auf dem Bauspielplatz, und es finden Feste und Veranstaltungen statt. Es lohnt sich also, einen ganzen Tag auf dem „Bau" einzuplanen.

Spielplatz am MediaPark; 50670 Köln Neustadt Nord; Haltestelle Christophstraße/Mediapark. Hier findet man die üblichen Spielgeräte, aber vor allem zwei extralange, besonders tolle Rutschen. Auf ins Rutschenparadies von Köln hinterm MediaPark, und dann Rutschen, was das Zeug und der Hosenboden hält!

Klingelpützpark; Vogteistraße 17; 50670 Köln Altstadt Nord; Tel. 0221 91 25 304; Haltestelle Hansaring. Früher war Klingelpütz überall als Gefängnis bekannt. Aber heute können Kinder im grünen Klingelpützpark Wasserrutsche rutschen, Streetball spielen und einen alten Eisenbahnwaggon erobern. Im dazugehörigen Jugendzentrum gibt es noch viel mehr Angebote.

Rheinpark; zwischen Hohenzollernbrücke und Mülheimer Brücke; 50679 Köln Deutz; Haltestelle Deutzer Freiheit. Auf dem beliebten Spielplatz auf der Schäl Sick findet man eine Miniseilbahn, Kletternetze und einen Spezial-Kinderbagger. Eine Miniautobahn und Minigolf sorgen für Abwechslung. Gut geeignet also für einen Familienausflug. Ausblick auf den Rhein gibt es außerdem noch dazu.

Rathenauplatz; 50674 Köln Neustadt Süd; Haltestelle Zülpicher Platz. Der Spielplatz am Rathenauplatz macht Kindern und Eltern gleich viel Spaß. Kinder toben auf den beiden Spielplätzen und probieren den Summstein aus. Eltern spielen Boule oder sitzen im Biergarten, von dem aus man die spielenden Kleinen bestens im Blick hat.

Spielplatz An der Eiche; Achterstraße, hinter Haus Müller; 50678 Köln Südstadt; Haltestelle Chlodwigplatz. Mitten in der Südstadt, genauer gesagt im Severinsviertel, liegt dieser schöne Spielplatz und bietet als Besonderheit neben einem Piratenschiff für kleine Freibeuter ein großes Kletternetz an.

Bauspielplatz im Friedenspark; Oberländer Wall 1; 50678 Köln Südstadt; Tel. 0221 37 47 42; Haltestelle Chlodwigplatz. Auf dem „Baui" können sich Kinder ab 6 Jahren mit Brettern und Werkzeug austoben, in Bretterbuden klettern und in einem Piratenschiff spielen. Noch dazu werden Feste wie z. B. das Edelweißpiraten-Festival veranstaltet.

VOLKSGARTEN

Spielplatz im Volksgarten; Volksgartenstraße; 50677 Köln Südstadt; Haltestelle Eifelstraße oder Ulrepforte. Das Extra auf den beiden Spielplätzen im Volksgarten ist die Wasserpumpe, die im Sommer den Sand in eine super Matschepampe verwandelt. Außerdem kann auf Tieren gewackelt, auf Autoreifen geschaukelt, auf einer Spinne geklettert und ausgiebig gerutscht werden. Die beiden Spielplätze sind besonders bei Eltern mit kleineren Kindern beliebt.

FRIEDENSWALD

Forstbotanischer Garten und Friedenswald; Schillingsrotter Straße 100; 50996 Köln Rodenkirchen; Tel. 0221 35 43 25; Haltestelle Rodenkirchen. Eine riesige Sandfläche mit Baumstämmen zum Klettern, mitten im grünen Friedenswald, sind eine schöne Abwechslung zu den schon tausendmal gesehenen Klettergeräten (siehe auch Seite 61).

JUPPI

Juppi rollende Spielplätze; Tel. 0221 22 12 55 70; www.stadt-koeln.de. Juppi sind keine normalen Spielplätze, sondern rollende Spielplätze. Mit allerlei Gerätschaft sind sie überall in Köln unterwegs, wo Kinder sind, die Spaß haben wollen. Einfach mal anrufen und fragen, wann sie ins Veedel rollen.

KÖLNER LIEBLINGE

DIE FARBE DIESES KAPITELS IST ROSAROT.
SO WIE EIN EXTRA LECKERES BONBON UND WIE EIN ROSA
HERZ, DAS ZEIGT, WIE LIEB MAN ETWAS HAT.

HEIN

Als es in Köln noch die Heinzelmännchen gab, war das Leben ein einziges Vergnügen. In der Nacht kamen sie zu den Kölnern und erledigten für sie sämtliche Arbeit. Stell dir mal vor: Morgens beim Aufwachen sind alle Hausaufgaben gemacht, der Meerschweinchenkäfig geputzt, das Zimmer blitzblank aufgeräumt, der Hund war schon Gassi, und der Müll ist auch schon rausgebracht. Vermiest wurde uns das Ganze von der neugierigen Schneidersfrau, die die Heinzelmännchen unbedingt einmal sehen wollte. Sie streute heimlich Erbsen auf die Treppe, die Männchen fielen auf die Nase, waren stinksauer und wurden seitdem nie mehr gesehen. Wirklich zu blöd!

ZELMÄNNCHEN

KLEIN, ABER OHO

94

95

AUA!

DIE BLÖDE KUH!

JETZT HAT SICH'S AUSGEHEINZELT!

GENAU!

KALLEN-DRISSER

WER FUUL ES, ES OCH SCHLAU

„Wer faul ist, ist auch schlau." Das dachten sich die Bauarbeiter vor vielen Jahren in Köln, wenn sie auf dem Dach arbeiteten. Denn natürlich mussten sie zwischendurch auch mal aufs Klo, und sie hatten keine Lust, dafür extra vom Dach zu steigen. Aber die Lösung war parat: die Dachrinne, auf Kölsch Kalle genannt. Die Männer machten einfach in die Kalle, und von den Dächern blitzten blanke Hintern. Die Kallendrisserfigur ganz oben am Alter-Markt-Haus Nr. 24 lässt auch die Hose runter und erinnert damit an diese Geschichte (siehe auch Seite 103).

PUPS

ALTER MARKT

KÖLNER
LIEBLINGE

Kölner Dom; Domkloster 4; 50667 Köln Innenstadt und weithin sichtbar; www.dom-fuer-kinder.de; geöffnet Mo–So 6–19.30 Uhr; während der Gottesdienste keine Besichtigungen; Schatzkammer: Mo–So 10–18 Uhr, Eintritt 2 € für Kinder; Turmbesteigung: Januar bis Februar 9–16 Uhr, März bis April 9–17 Uhr, Mai bis September 9–18 Uhr, Oktober 9–17 Uhr, November bis Dezember 9–16 Uhr, Eintritt 1 € für Kinder; Kinderführungen unter 0221 92 58 47 20 erfragen, 4 €; Haltestelle Dom/Hbf. Jeder kennt den Kölner Dom zumindest von außen, schließlich ragt er so hoch in den Himmel, dass man ihn von Weitem sehen kann. Manchmal schaut man im Vorbeigehen in eine Straßenschlucht, und da taucht er ganz unerwartet auf. So als wollte er kurz Bescheid geben, dass man ihn nicht vergessen soll. Der Dom birgt aber auch im Inneren so einige Schätze. Da ist zum einen der Dreikönigenschrein (siehe Seite 26), der golden hinter dem Hochaltar funkelt, dann die Schatzkammer, das Altarbild der Stadtpatrone, das Gerokreuz und wunderschöne Mosaike. Eine Turmbesteigung ist sehr zu empfehlen. Der anstrengende Aufstieg wird mit einem super Ausblick belohnt.

HEINZEL-MÄNNCHEN

Heinzelmännchenbrunnen an der Straße Am Hof, zwischen Domhotel und Hohe Straße; 50677 Köln Innenstadt, Haltestelle Dom/Hauptbahnhof. Wie schade, dass es in Köln keine Heinzelmännchen mehr gibt (siehe Seite 93)! In der Nähe des Doms kann man sie aber trotzdem besuchen, denn da gibt es einen Brunnen als Denkmal für die beleidigten kleinen Wichte. Obendrauf steht die neugierige Schneidersfrau. Tja, wenn die nicht gewesen wäre ... Vielleicht überlegen es sich die Heinzelmännchen ja noch mal anders und kommen zurück.

TÜNNES & SCHÄL

Tünnes und Schäl; Figuren im Hof der Kirche St. Martin; Martinspförtchen 8; 50667 Köln Altstadt; Haltestelle Heumarkt. Tünnes und Schäl könnten unterschiedlicher nicht sein. Tünnes ist ein bisschen tumb und behäbig, aber auch sehr gutmütig. Schäl heißt so, weil er schielt, und er ist ene fiese Möpp. Beide kommen wie Hänneschen aus Knollendorf. Man trifft sie im Hänneschen-Theater oder besucht ihre Bronzefiguren am Martinspförtchen. Tünnes' große Knubbelnase zu reiben bringt übrigens Glück. Es gibt jede Menge Witze mit Tünnes und Schäl, hier ist einer davon: Tünnes und Schäl gehen über die Severinsbrücke. Sagt Tünnes: „Da unten hat mir mal jemand mein Brot reingeschmissen." Fragt Schäl: „Mit Absicht?" Tünnes: „Nee, mit Käse!"

PLATZJABBECK

Platzjabbeck am historischen Rathaus; Alter Markt; 50667 Köln Altstadt; Haltestelle Heumarkt. Das historische Rathaus ist mit vielen kleinen Statuen verziert, und oben am Turm gibt es eine Fratze mit Bart und Schlapphut, die zu jeder vollen Stunde die Zunge in Richtung Alter Markt rausstreckt. Die Legende besagt, dass Karl der Große seinen drei Söhnen sagte, sie sollen den Mund weit aufreißen. Nur den beiden Söhnen, die ihre Klappe aufmachten, steckte der Vater ein Stück Apfel in den Mund und vermachte ihnen einen Teil seines Reiches. Der Dritte ging leer aus. Was so viel heißen soll wie: Wer schnell zuschnappt, hat gewonnen.

Kallendrisser; Alter Markt, Haus Nr. 24; 50667 Köln Altstadt; Haltestelle Heumarkt. Wer auf dem Alter Markt im Café sitzt und sein Eis schleckt, der wundert sich, wenn er mal in Richtung Dächer schaut. Da zeigt ja einer seinen nackten Hintern! Natürlich steckt da eine Geschichte hinter. Mehr dazu auf Seite 97.

KALLEN-DRISSER

104

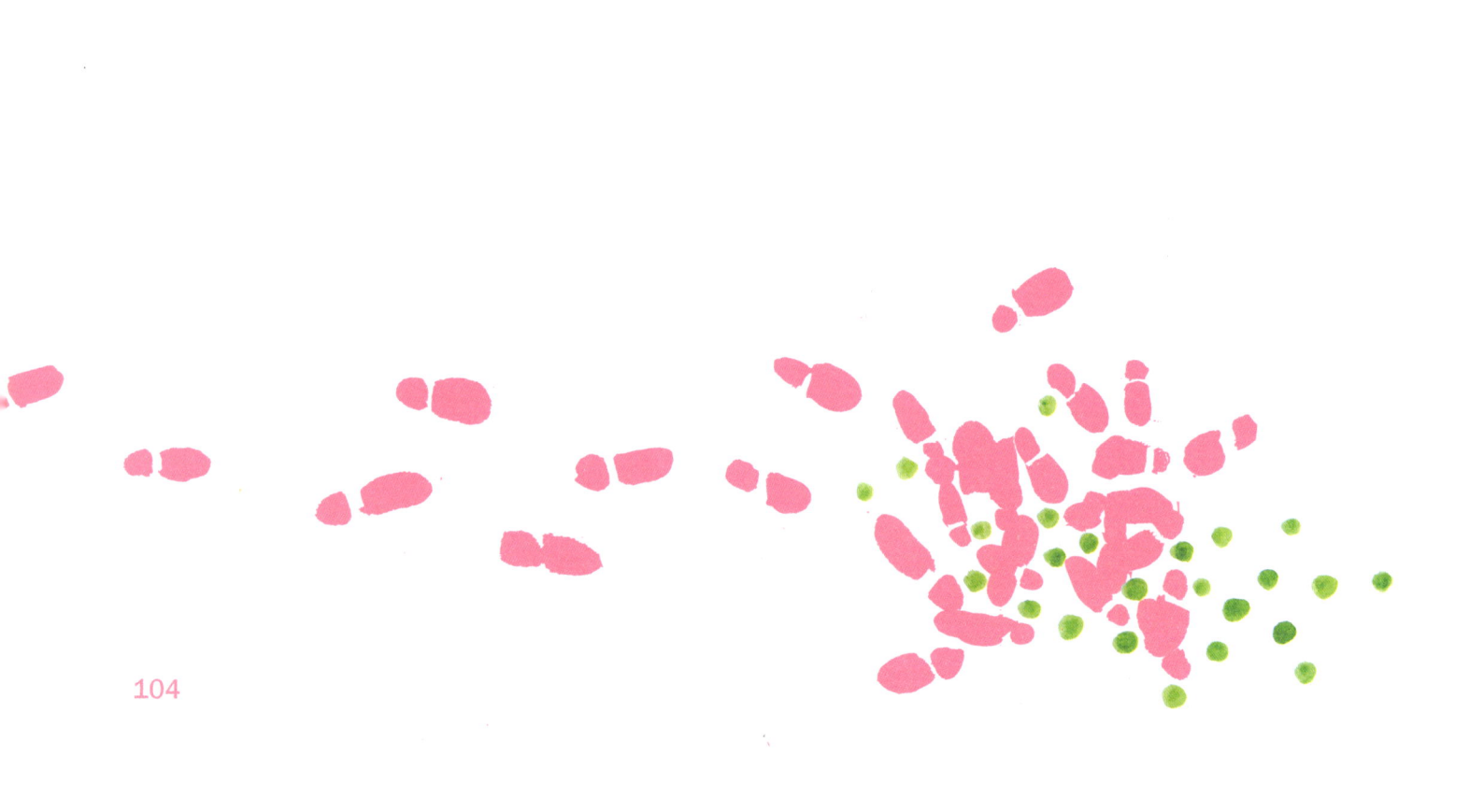

DIE FARBE DES KAPITELS

WASSER

IST BLAU.
SO WIE EIN SEE, EIN SCHWIMMBECKEN UND MANCHMAL AUCH DER RHEIN.

MOBY DICK

DER WAL, DA BLÄST ER!

Die Rheinschiffer staunten nicht schlecht, als sie einen weißen Wal im Rhein schwimmen sahen. Als sie dann der Wasserschutzpolizei von der unglaublichen Neuigkeit erzählten, dachten die Polizisten, die Schiffer wären betrunken und erzählten Schwachsinn. Aber es stimmte wirklich. Da war ein Wal im Rhein! Natürlich kamen alle Leute zum Rhein, um den Wal zu sehen, und sie nannten ihn Moby Dick, nach dem berühmten Buch von Herman Melville, in dem auch ein Wal die Hauptrolle spielt. Und in diesem Buch jagt Kapitän Ahab ganz verbissen nach Moby Dick. So wie dieser Kapitän jagte ein Zoodirektor den Wal im Rhein. Er wollte ihn einfangen. Aber die Leute fanden das nicht gut und protestierten, und da musste der Zoodirektor den Wal in Ruhe lassen. Nach einigem Hin und Her schwamm der Wal dann zurück in die Nordsee. Aber wie ist Moby Dick überhaupt in den Rhein gekommen? Er sollte mit einem Transportschiff in einen Zoo in England gebracht werden. Das Schiff kenterte in der Nordsee, der Wal ging über Bord und schwamm vom Meer in den Rhein. Vielleicht wollte er ja einfach Köln besuchen und den Dom sehen.

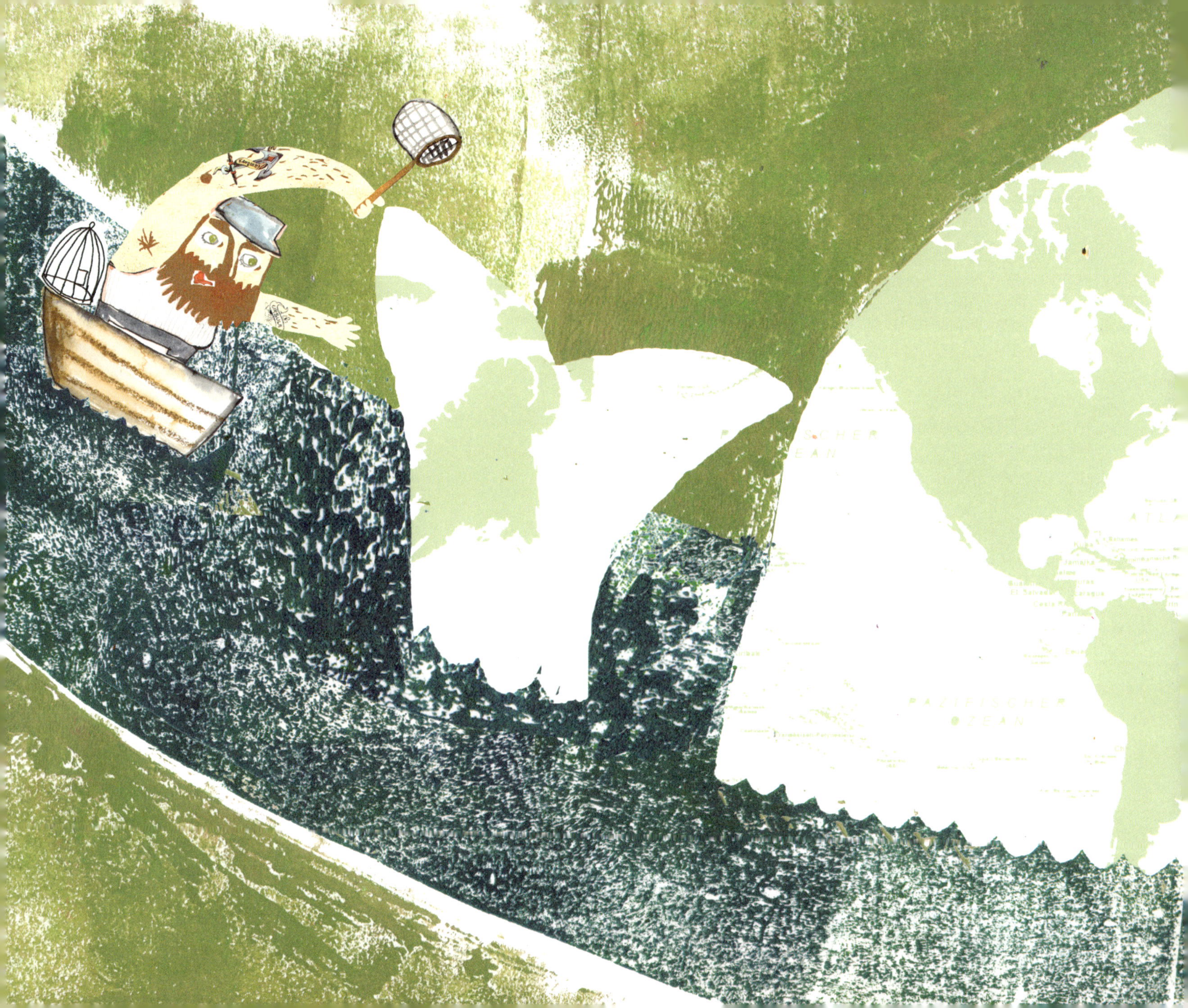

KÖLN

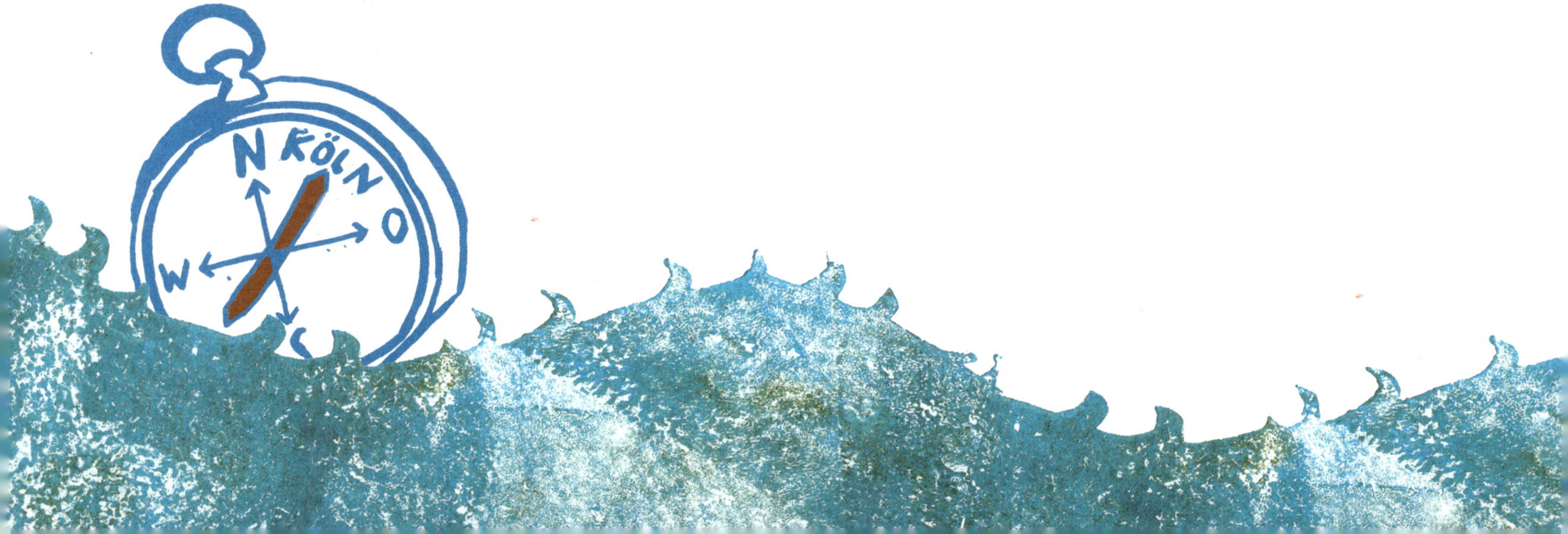
N
KÖLN
O
W
S

EAU DE COLOGNE

AUF KÖLSCH: OTTEKOLONG

Kölnisch Wasser ist ein berühmtes Parfüm. Am berühmtesten ist 4711, das nach der Hausnummer des Hauses benannt ist, in dem es gemacht wurde (siehe Seite 117). Aber es gibt auch noch das „Original Eau de Cologne" der Firma „Farina gegenüber". Johann Maria Farina erfand das Kölnisch Wasser im Jahr 1709. Damals roch es in Köln nicht besonders gut. Baden war verpönt, weil die Menschen dachten, dass es ihnen schaden würde und sie sich dabei mit Krankheiten anstecken könnten. Lieber benutzte man Puder und Parfüm, um zu verdecken, dass man stank und miefte, was das Zeug hielt. Die Straßen waren sehr dreckig, überall lagen Müll- und Misthaufen. Ob ein mit Parfüm beträufeltes Taschentuch da wohl geholfen hat?

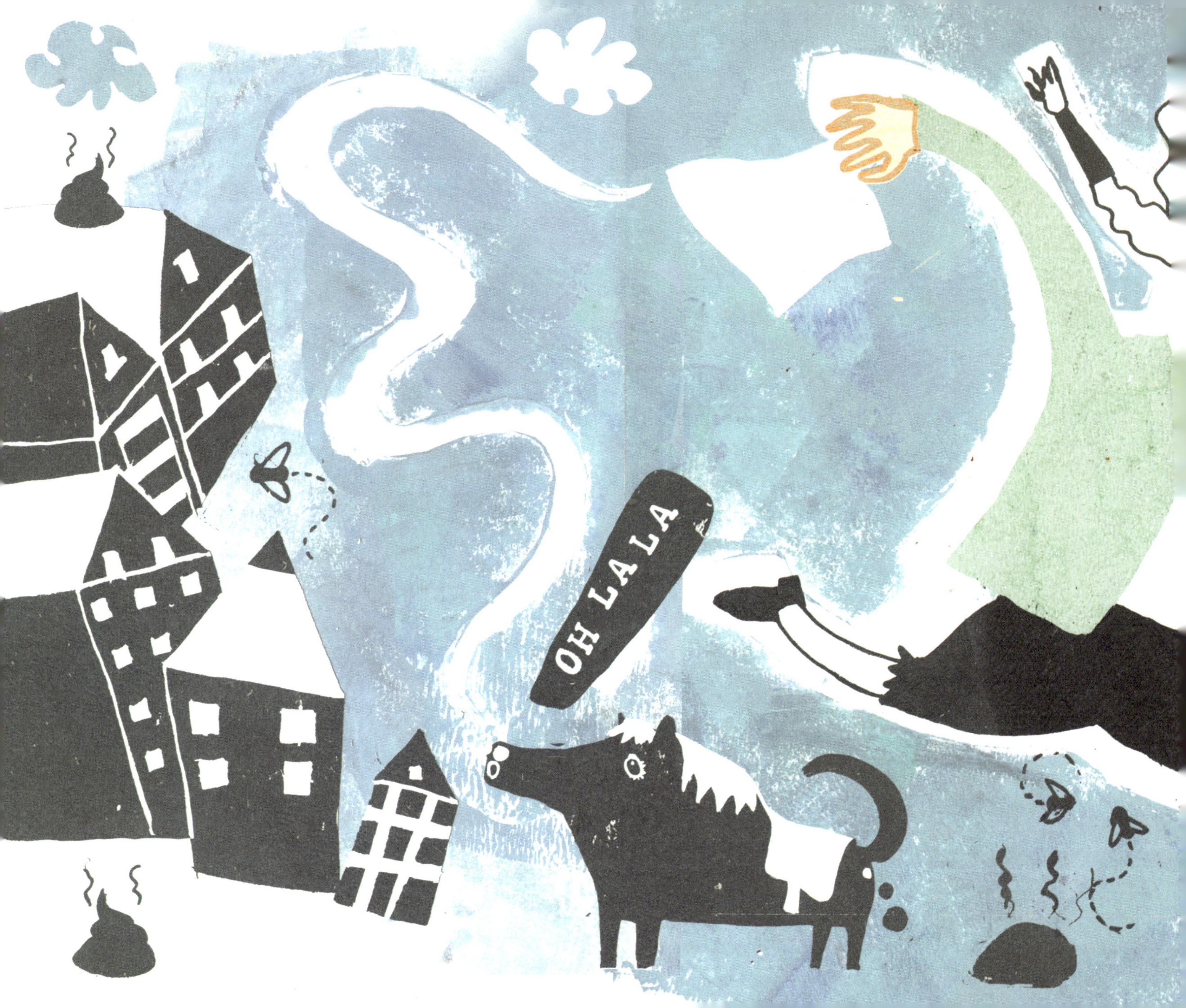
OH LA LA

NACHTTOPP

WASSER

Fühlinger See; Oranjehofstraße; Freibad: Stallagsbergweg; 50769 Köln; Tel. 0221 72 45 90; www.koeln-fuehlinger-see.de; in der Saison täglich von 10–19 Uhr geöffnet; der See ist immer zugänglich; Kinder bis 7 Jahre 50 Cent, 8–17 Jahre 1,50 €; Haltestelle Seeberg oder Oranjehofstraße. Der größte See Kölns besteht aus sieben kleineren Seen. Es gibt drei Bereiche zum Baden und Bootfahren, man kann tauchen, angeln, surfen und Ruderboot fahren. Auf der Regattastrecke finden außerdem Rennen statt. Reichlich Auswahl für einen schönen Sommertag!

Wasserspielplatz im Inneren Grüngürtel; zwischen Venloer- und Vogelsanger Straße; 50672 Köln Neustadt Nord; immer geöffnet; bei Sommerwetter Wasserdüsen in Betrieb; Haltestelle Hans-Böckler-Platz/Bahnhof West. Im Inneren Grüngürtel kann man sich bei Sonnenwetter eine tolle Erfrischung holen. Denn dann versprühen die Klettergerüste kühles Nass und machen das Spielen zu einem doppelten Vergnügen.

SCHIFF FAHREN →

Köln-Düsseldorfer Rheinschifffahrt; Frankenwerft 35; 50667 Köln Altstadt Nord; Tel. 0221 208 83 18; www.k-d.com; Kinder unter 4 Jahren fahren kostenlos, 4–13-Jährige 3,50 €, Piratenfest und Kinderzirkus 9,20 €, Märchenfahrt 12,50 €; Zur Anlegestelle Haltestelle Heumarkt oder Dom/Hauptbahnhof. Über den Rhein schippern, z. B. an der Loreley vorbei, ist ein schönes Erlebnis! Es gibt tolle Spezialangebote für Kinder, wie z. B. das Piratenfest in den Sommerferien, mit Hüpfburg an Bord. Oder Kinderzirkus zum Mitspielen, mit Aufführungen auf dem Schiff MS Rheinenergie. Oder eine Märchenfahrt zur Freilichtbühne Zons. Jeden Mittwoch ist Familientag, pro Erwachsener können drei Kinder kostenlos mitfahren. Geburtstagskinder haben immer freie Fahrt.

LÖSCHBOOT

Löschboot der Feuerwehr; Drehbrücke am Deutzer Hafen; Haltestelle Drehbrücke. Wenn das Löschboot an der Brücke, die zum Deutzer Hafen führt, loslegt, dann ist das eine richtige Show. Von der Brücke aus kann man gut beobachten, wie die Feuerwehr mit dem Boot übt, damit sie immer gut vorbereitet ist für einen Einsatz.

Duftmuseum Farinahaus; Obenmarspforten 21; 50667 Köln Innenstadt; Tel. 0221 399 89 94; www.farina.eu; geöffnet Mo–Sa 11–18 Uhr, So 11–16 Uhr; Eintritt 4 € inklusive Führung; **Haltestelle Dom/Hauptbahnhof.** Immer der Nase nach geht's in der ältesten Parfümfabrik der Welt. Der Rundgang zeigt alte Holzfässer und unzählige Fläschchen mit Essenzen und Wässerchen, an denen man auch mal schnuppern darf.

4711-Haus; Glockengasse 4; 50667 Köln Innenstadt, Besichtigungen Mo–Fr 9–19 Uhr, Sa 9–18 Uhr; **Haltestelle Appellhofplatz.** Während der französischen Besatzung wurden alle Häuser beim Dom beginnend durchnummeriert. Auf das Haus, in dem das berühmte Parfüm verkauft wurde, damals noch als Heilmittel, wurde mit Kreide die Zahl 4711 geschrieben. So kam das Duftwasser zu seinem Namen.

Blücherpark; Parkgürtel; Köln Bilderstöckchen; Haltestelle Escher Straße; **Rheinpark;** zwischen Hohenzollern- und Zoobrücke; Haltestelle Deutzer Freiheit; **Volksgarten,** Volksgartenstraße/Vorgebirgswall; Köln Neustadt Süd; **Haltestelle Eifelstraße oder Ulrepforte.** Im Blücherpark steht ein schöner Brunnen mit Figuren, die Wasser sprühen. Der Rheingartenbrunnen im Rheinpark ist sehr beliebt bei kleinen Wasserratten. Im Volksgarten kann man sich mit Wasser aus einer großen Wasserpumpe abkühlen.

Bötchen fahren 7

Blücherpark; Parkgürtel; Köln Bilderstöckchen, Haltestelle Escher Straße; Decksteiner Weiher; Bachener Landstraße; Köln Lindenthal; Volksgarten; Volksgartenstraße; Köln Neustadt Süd; Haltestelle Eifelstraße oder Ulrepforte. Im Blücherpark kann man am Biergarten Ruderboote ausleihen und auf große Fahrt auf dem Ententeich gehen. Am Decksteiner Weiher macht man mit Ruder- und Tretbooten den Schwänen Konkurrenz. Auch der kleine See im Volksgarten lädt mit Tretbooten zum gemütlichen Schippern ein. Alle Bootsverleihe sind von Mai bis Oktober und nur bei schönem Wetter geöffnet.

Trinkwasserwerk 8 →

Trinkwasserwerk Severin II; Zugweg 29–31; 50677 Köln Neustadt Süd; Infos bei der Rheinenergie AG; www.rheinenergie.com; Führungen Mo–Fr für Gruppen ab 15 Personen sind kostenlos, einzelne Personen können sich gerne den Gruppen anschließen; Haltestelle Chlodwigplatz. Wie funktioniert das eigentlich mit dem Wasser, das einfach aus dem Wasserhahn läuft? Im Wasserwerk Severin II kann man der Sache auf den Grund gehen. Dort gibt es einen Lehrpfad, der den Weg des Wassers vom Brunnen bis zu uns nach Hause erklärt.

9 RHEINUFERSTRAND

Rheinufer; Uferstraße; Köln Rodenkirchen bis Weiß; Haltestelle Rodenkirchen oder mit dem Rad immer am Rhein entlang. In den kleinen Buchten am Rheinufer zu baden macht der ganzen Familie Spaß. Die Kölner nennen dieses schöne Stück Rheinstrand auch „Kölner Riviera", weil es sich fast wie Urlaub anfühlt, wenn man sich dort in der Sonne räkelt.

10 GROOV

Freizeitinsel Groov; An der Groov; 51143 Köln Porz-Zündorf; Tel. 02236 683 34; www.faehre-koelnkrokodil.de; Haltestelle Zündorf; Krokodil und Frika fahren von Mitte März bis Mitte Oktober Mo–Fr 11–19 Uhr, Sa und So 10–20 Uhr. Schon mal im Bauch eines Krokodils gesessen? Die beiden Fähren, welche die Inselbesucher über den Rhein bringen, heißen „Krokodil" und „Frika". Auf der Insel gelandet, kann man ins Schwimmbad gehen, Boot fahren, in kleinen Buchten baden, Eis essen, Fahrrad fahren, Skaten und Minigolf spielen.

SCHWIMM-BÄDER

Alle Bäder auch unter www.koelnbaeder.de

Bickendorfbad; Venloer Straße 569; 50827 Köln Bickendorf; Tel. 0221 279 17 40; Kinder unter 5 Jahren 0,50 €, Jugendliche bis 17 Jahre 3 €; Haltestelle Äußere Kanalstraße. Ein Hallenbad mit 25-Meter-Becken, Ein- und Drei-Meter-Sprungbrett, Kinderrutsche, Schwalldusche und Wickeltischen.

Stadionbad; Aachener Straße/Stadion; 50933 Köln Müngersdorf; Tel. 0221 279 18 40; Mo–Fr 10–20 Uhr, Sa und So 9–20 Uhr; Kinder unter 5 Jahren 0,50 €, 5–17-Jährige 3 €, Familienkarte 11 €; Haltestelle Rheinenergie-Stadion. Ein Freibad mit Zehn-Meter-Turm und Sprungplattformen in 1, 3, 5 und 7,5 Meter Höhe, acht verschiedene Becken, 56 Meter lange Doppelriesenrutsche, Breitrutsche, Sand-Wasser-Spielplatz zum tollen Matschen und Pampen, Babybecken, Basketball, Beachvolleyball, Tischtennis. Das Stadionbad ist eines der größten Freibäder in Deutschland.

Eis- und Schwimmstadion; Lentstraße 3; 50668 Köln Neustadt Nord. Das Stadion ist derzeit geschlossen und befindet sich bis Ende 2009 im Umbau.

Weidenbad; Ostlandstraße 39; 50858 Köln Weiden; Tel. 02234 43 10 40; Mo 6.30–8 Uhr, 15–21 Uhr, Mi 6.30–21 Uhr, Do 6.30–8 Uhr, Fr 15–20.30 Uhr; Kinder unter 5 Jahren 0,50 €, 5–17-Jährige 3 €; Haltestelle Weiden Zentrum. Ein Hallenbad mit Sprungbecken samt Ein-Meter- und Drei-Meter-Plattform, Lernschwimmbecken mit Kinderrutsche und Kinderplanschbecken.

Agrippabad; Kämmergasse 1; 50676 Köln Altstadt Süd; Tel. 0221 279 17 30; Mo–Fr 6.30–22.30 Uhr, Sa und So 9–21 Uhr; Kinder unter 5 Jahren 1 €, 5–17-Jährige 2 Stunden 3,20 €, Haltestelle Neumarkt oder Poststraße. Ein Kombibad mit 130 Meter langer Röhrenrutsche, Wellenbad, geheiztem Außenbecken, Planschbecken, Ein- und Drei-Meter-Brett, 5-, 7-, und 10-Meter-Turm, Kinderbetreuung und Sand-Wasser-Spielplatz.

MEHR SCHWIMMBäDER

Zollstockbad; Raderthalgürtel 8–10; 50968 Köln Zollstock; Tel. 0221 279 18 20; Mo, Di, Do 6.30–21.30 Uhr, Mi 6.30–8 Uhr, 14–21.30 Uhr, Sa und So 8–16.30 Uhr; Kinder unter 5 Jahren 0,50 €, 5–17-Jährige 3 €; Buslinien 130 und 131 bis Haltestelle Zollstockgürtel. Kombibad mit Ein- und Drei-Meter-Sprungbrett, Kinderplanschbecken innen und außen, Kinderrutsche, Sand-Wasser-Spielplatz, Grillplätzen, Fußball, Beach-Volleyball, Basketball und Tischtennis.

Rodenkirchenbad; Mainstraße; 50996 Köln Rodenkirchen; Tel. 0221 279 17 80; Di 6.30–8 Uhr, 15–21.30 Uhr, Mi 6.30–16 Uhr, Do 6.30–8 Uhr, Fr 6.30–21.30 Uhr, Sa 8–16.30 Uhr, So 8–12.30 Uhr; Kinder unter 5 Jahren 0,50 €, 5–17-Jährige 3 €, Haltestelle Siegstraße. Hallenbad mit 25-Meter-Becken mit Massagedüsen, Lehrschwimmbecken und Liegewiese mit Grillplätzen.

...UND NOCH MEER SCHWIMMBÄDER

Naturfreibad Vingst; Vingster Ring; 51107 Köln Vingst; Tel. 0221 279 18 60; Mo–Do 10–19 Uhr, Fr, Sa und So 9–19 Uhr; Kinder unter 5 Jahren 0,50 €, 5–17-Jährige 2,50 €; Haltestelle Vingst oder Ostheim. Baden am Baggersee mit schwimmenden Inseln, Nichtschwimmerbereich, großer Liegewiese mit Grillplätzen, Bolzplatz und Beach-Volleyball.

Höhenbergbad; Schwarzburger Straße 4; 51103 Köln Höhenberg; Tel. 0221 279 18 10; Mo–Fr 6.30–22 Uhr, Sa und So 9–21 Uhr; Eintritt für Kinder unter 5 Jahren 0,50 €, 5–17-Jährige 3 €; Haltestelle Fuldaer Straße. Kombibad mit Innen- und Außenbecken, 65 Meter langer Wildwasserrutsche, Strömungskanal, Sprudelliegen, Kinderplanschbecken, Matschspielplatz und Dünenlandschaft mit Strandkörben.

Waldbad Dünnwald; Peter-Baum-Weg; 51069 Köln Dünnwald; Tel. 0221 60 33 15; www.waldbad-camping.de; Mo–So 9–20 Uhr; Kinder unter 4 Jahren haben freien Eintritt, Kinder 2,50 €; Haltestelle Leuchterstraße, Buslinie 154 bis Haltestelle Peter-Baum-Weg. Schwimmen mitten im Wald. Mit beheiztem Becken, einer 49 Meter langen und einer kleineren Rutsche. Das Bad ist nicht nur schön, sondern auch umweltfreundlich, denn das Wasser wird aus einem Brunnen gepumpt.

DIE FARBE DES KAPITELS
SPORT
IST GRÜN.

SO WIE DER RASEN EINES SPIELFELDS.

eine Ehrenwerte

Hennes ist ein Geißbock und das berühmte Maskottchen des 1. FC Köln. Im Laufe der Zeit hat es schon so einige Hennesse gegeben, und jeder von ihnen war mit dem großartigen Talent ausgestattet, dem Verein Glück zu bringen … nun ja, der eine mehr, der andere weniger. Hennes I. wurde dem FC von einer Zirkusdirektorin geschenkt und pinkelte dem Trainer erst mal aufs Hemd. Trotzdem wurde er begeistert aufgenommen, und der Trainer persönlich hielt ihn während der Spiele an der Leine. Hennes II. mochte Fußball nicht besonders und war froh, wenn er das Stadion wieder verlassen durfte. Vielleicht war sein Ding ja eher Tennis? Um Hennes III. rankt sich ein schockierender Kriminalfall. Er wurde eines Morgens tot in seinem Stall aufgefunden – vergiftet. Der Mord wurde nie aufgeklärt. Seitdem wohnen alle Hennesse auf einem friedlichen Bauernhof, wo das Leben für Ziegen noch sicher ist. Der Nachfolger, Hennes IV., war ein sehr talentierter Glücksbringer. Er wurde deutscher Meister und Pokalsieger. Ihm zu Ehren wurde sogar ein Lied komponiert: „Unser Bock ist Meister, er hätt' se all jeputzt". Hennes V. war ziemlich bockig und schüttelte die rote Fandecke ab. Hennes VI. wurde nach einem verlorenen Spiel krank, das Dasein als Maskottchen war wohl einfach zu stressig für ihn. Hennes VII. ist der amtierende Hennes und muss den Fans sein Talent erst noch beweisen.

Ziegendynastie

HENNES

BOCKIG

NICHT STUBENREIN

IM STRESS

SCHWARZES SCHAF, äh ZIEGE

HOFFNUNGSTRÄGER

GLÜCKSBRINGER

WAS GESCHAH MIT HENNES III.?

1 ZIRKUS

Linoluckynelli Kinder- und Jugendzirkus; Krombachweg 29; 50767 Köln Lindweiler; www.lino-club.de; Tel. 0221 79 41 13; Training zweimal wöchentlich; Teilnahme kostenlos; S-Bahn-Haltestelle Köln Longerich. Ganz normale Kinder und Jugendliche im Alter zwischen 8 und 17 Jahren werden bei dem Kinderzirkus mit dem lustigen Namen zu geschickten Jongleuren, unglaublich waghalsigen Akrobaten oder witzigen Clowns. In einer speziellen, großen Halle üben die Kinder ihre Zirkusnummern ein. Stundenweise werden sie dabei sogar von echten Profiartisten trainiert. Linoluckynelli ist einer der besten Kinderzirkusse Europas.

Kölner Spielecircus; Wissmannstraße 38; 50823 Köln Ehrenfeld; Tel. 0221 35 58 16 80; www.spielecircus.de; 18 Stunden Zirkusmachen 74 €, ermäßigt 60 €, 28 Stunden 112 €, ermäßigt 90 €; Haltestelle Liebigstraße. Schon Kinder ab 5 Jahren können im Flohzirkus Zirkusluft schnuppern. Kinder ab 2 Jahren erleben Zirkusspaß zusammen mit ihren Eltern im Familienzirkus. Und bei den Kindern ab 6 geht es dann schon richtig gekonnt zu, ohne Netz und doppelten Boden.

SKATEN²

North Brigade; Scheibenstraße 13a; 50737 Köln Weidenpesch; Tel. 0221 74 32 95; www.northbrigade.de; für Jugendliche ab 12 Jahre; 3 € pro Tag; Mo–So von 14 Uhr bis zum Einbruch der Dunkelheit geöffnet, Haltestelle Scheibenstraße. Üppige drei Quadratkilometer mit einem großen Aufgebot an verschiedenen Rampen hat der Skatepark North Brigade zu bieten. Da kann man es bestens aushalten, bis es dunkel wird. Einmal im Jahr findet hier der internationale Köllefornia Cup statt, bei dem die Großen ihr Können unter Beweis stellen.

Roncalliplatz; 50667 Köln Innenstadt; Haltestelle Dom/Hauptbahnhof. Der Roncalliplatz am Römisch-Germanischen Museum ist der zentrale Treffpunkt für Skater in Köln. Leider sind sie von Kölner Politikern dort nicht gern gesehen. Als Ersatz soll bis 2008 eine neue Skateanlage unterhalb der Zoobrücke entstehen.

Abenteuerhalle Kalk; Halle 59; Christian-Sünner-Straße; 51103 Köln Kalk; Tel. 0221 880 84 08; www.abenteuer-halle.de; Haltestelle Kalk/Kapelle. Im „Susuki Bike and Skate Park" kommen Skater, Inlineskater und BMXler auf ihre Kosten. Die Hallen können nachmittags ab 16 Uhr genutzt werden. Vormittags können sich hier Schulklassen austoben, und an den Wochenenden gibt es wechselnde Veranstaltungen wie z. B. lange Skate-Samstage, BMX-Workshops oder auch mal einen Flohmarkt.

SCHLITTSCHUH-LAUFEN 3

Eis- und Schwimmstadion; Lentstraße 3; 50668 Köln Neustadt Nord. Das Stadion ist derzeit geschlossen und befindet sich bis Ende 2009 im Umbau.

Kölner Haie Trainingszentrum; Kölnarena 2, Gummersbacher Straße 4; 50679 Köln Deutz; Tel. 01805 75 20 75; www.haie.de; Kinder unter 4 Jahren Eintritt frei, Kinder bis 10 Jahre 4 €, Schlittschuhverleih 4 €; Haltestelle Bahnhof Deutz/Kölnarena. Auf dem Eis des Haie-Trainingszentrums dürfen in der Saison von Mitte September bis Mitte April immer sonntags von 15–17.30 Uhr auch Amateure die Kufen schwingen.

Eisbahn am Heumarkt; 50667 Köln Altstadt; geöffnet 10–22 Uhr von November bis Anfang Januar; 1,50 € pro Kind; Leihgebühr pro Paar Schlittschuhe und Laufzeit 3 €, Tel. 0221 170 77 88; Haltestelle Heumarkt. Beim Kölner Eiszauber auf dem Heumarkt liegen Weihnachtsstimmung und romantische Musik in der Luft. Verliebte fühlen sich hier besonders wohl. Und zur Stärkung zwischendurch gibt es nebenan einen Bratwurststand.

Hochseilgarten im Rheinpark; 50939 Köln; Tel. 0221 282 52 47; www.hochseilgarten-koeln.de. Oben in den Baumwipfeln des Rheinparks hängen Plattformen und Seile, an denen man, in zehn Metern Höhe, ziemlichen Mut beweisen kann. Eine schwindelerregende Sache, aber ein Freund oder ein Trainer ist immer zur Stelle, um die Kletternden zu sichern.

4 HOCHSEILGARTEN

KLETTERN 5

Kletterfabrik Köln; Lichtstraße 25; 50825 Köln Ehrenfeld; Tel. 0221 502 99 91; www.kletterfabrik-koeln.de; Mo–Fr 10–23 Uhr, Sa und So 10–21.30 Uhr geöffnet; Haltestelle Venloer Straße/Gürtel. An ganz vielen kleinen Griffen und Vorsprüngen erklimmt man eine steile Wand wie ein Kletterfrosch. Natürlich wird man dabei mit einem Seil gesichert, sodass man nicht runterfallen kann. Für Kinder und Jugendliche werden hier spezielle Kurse und Klettergruppen angeboten.

Hohenzollernbrücke; 50667 Köln Innenstadt; Haltestelle Dom/Hauptbahnhof oder Bahnhof Messe/Deutz. Fast so geschickt wie Spiderman klettern die Profis unterhalb der Kaiser-Wilhelm-Reiterfigur an den alten Mauern der Hohenzollernbrücke herum. Besonders am Wochenende und bei schönem Wetter kann man ihnen bei ihren Kletterkünsten zusehen. Und vielleicht bekommt man dabei ja auch Lust, diesen Sport einmal in einer Kletterhalle (siehe oben bei Kletterfabrik) selbst auszuprobieren.

RODELN 6

Hügel im Beethovenpark; Berrenrather Straße/Militärringstraße; 50937 Köln Sülz; Haltestelle Sülzgürtel. Herkulesberg hinterm Mediapark; 50670 Köln Neustadt Nord; Haltestelle Christophstraße/Mediapark. In Köln schneit es nicht gerade oft oder viel. Aber wenn es mal tolles Schneewetter zum Schlittenfahren gibt, dann sind der steile Hügel im Beethovenpark und der Herkulesberg hinter dem Mediapark die erste Wahl für eine Rodelpartie.

7 FUSSBALL

Kinder- und Jugendsportschule; verschiedene Standorte; Ansprechpartner Volker Zirkel, Tel. 0221 80 18 281; www.kjs-koeln.de; Kurse für 4–7-Jährige an der Spoho und in weiteren Kölner Turnhallen. Tollen Fußballspaß ganz ohne Leistungsdruck können Jungen und Mädchen im Fußballgarten erleben. Bei jeder Menge Bewegung wird Fußball hier spielerisch vermittelt. Vorerfahrung ist nicht nötig, hier darf jeder mitmachen.

Soccer World; Ottostraße 7; 50859 Köln Lövenich; Tel. 02234 98 84 88; www.hallenfussball.de; Haltestelle Dieselstraße. Wenn es draußen in Strömen regnet, bleibt man in der Fußballhalle trocken und kann mit seinen Freunden kicken, bis die Schuhe qualmen. Es werden auch Kindergeburtstage und Feriencamps angeboten.

Poller Wiesen; Alfred-Schütte-Allee; Köln Poll; Haltestelle Drehbrücke. In den weiten, platten Poller Wiesen gibt es gleich zwei Fußballplätze, und auch auf den übrigen Rasenflächen findet sich bei gutem Wetter bestimmt der ein oder andere Fußballfan zum gemeinsamen Kicken.

STREETBALL

8 Basketballfeld auf der Deutzer Werft; 50679 Köln Deutz; Haltestelle Deutzer Freiheit. Die Deutzer Werft unterhalb der Deutzer Brücke ist wirklich ein schönes Fleckchen Köln. Mit Blick auf den Rhein kann man hier so schön seine Körbe werfen wie sonst wohl nirgendwo in Köln.

DRACHEN

9 Deutz-Poller Wiesen; unterhalb der Alfred-Schütte-Allee; Köln Deutz/Poll; Haltestelle Drehbrücke. Hier liegt ein wichtiger Treffpunkt für Winddrachenfans. Die Wiesen am Rhein bieten viel Platz und guten Wind. Hier kann man seinen eigenen Drachen steigen lassen oder entspannt im Gras liegen und den anderen dabei zusehen. Außerdem sind die Wiesen abends ein lauschiger Platz zum Grillen und Sonnenuntergang gucken.

Domplatte am Kölner Dom; Köln Innenstadt; Haltestelle Dom/Hauptbahnhof. Glattes Pflaster, so weit das Auge reicht. Allerdings eher für geübtere Skater, da auch immer reichlich Fußgänger unterwegs sind. Da sind Karambolagen vorprogrammiert.

Rheinpark; zwischen Hohenzollernbrücke und Zoobrücke; Haltestelle Deutzer Freiheit. Die Wege des Rheinparks sind lang und ebenmäßig und daher zum Üben für Anfänger besonders geeignet. Nach dem Training steht die nächste Bank zum Ausruhen bereit, und ein Platz auf der Wiese ist auch immer frei.

Deutzer Werft; unterhalb der Deutzer Brücke; 50679 Köln Deutz; Haltestelle Deutzer Freiheit. Mit einmaligem und wunderschönem Blick auf den Rhein kann man auf der großen betonierten Fläche ganz entspannt kurven, bremsen und fahren üben.

Verkehrsübungsplatz in den Poller Wiesen; Köln Poll; Haltestelle Drehbrücke. Hinter den Sportplätzen in den Poller Wiesen gibt es einen Verkehrsübungsplatz, der prima als Skaterbahn geeignet ist. Hier fährt man ganz ruhig und im Grünen. Der Weg über die Alfred-Schütte-Allee ist ziemlich holprig – am besten fährt man mit dem Rad zum Übungsplatz und schlüpft dann erst in die Skates.

DIE FARBE DES KAPITELS

KARNEVAL IST KUNTERBUNT.

SO WIE KONFETTI, KAMELLE UND BUNTE KOSTÜME.

KÖLLE ALAAF

STIPPEFÖTTCHE

WIBBEL WIBBEL

Beim Stippeföttche-Tanz reiben zwei tanzende Jecken die Hintern aneinander. Und wibbeln hin und her.

– DRESCHFLEGEL

JUNGFRAU
„IHRE LIEBLICHKEIT" IST EIN SYMBOL FÜR DIE UNEINNEHMBARE, FREIE STADT KÖLN. SIE WIRD IMMER VON EINEM MANN DARGESTELLT (WAS OFT SEHR KOMISCH IST).

PRINZ
„SEINE TOLLITÄT" IST DER KARNEVAL IN PERSON, DER STRAHLENDE HELD ALLER JECKEN. MIT SEINEM EDLEN CHARAKTER VERTREIBT ER ALLE SORGEN DES ALLTAGS.

BAUER
„SEINE DEFTIGKEIT" STEHT FÜR DIE SICH WEHRENDE ALTE STADT KÖLN. ER SCHWINGT DEN DRESCHFLEGEL.

DREIGESTIRN

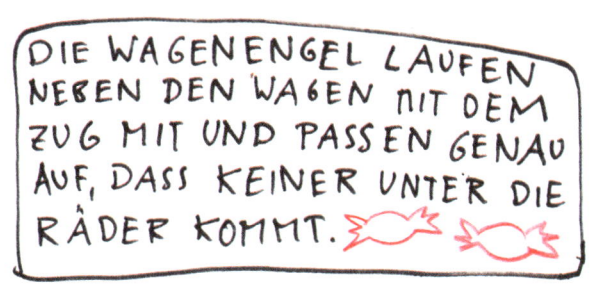

DIE WAGENENGEL LAUFEN NEBEN DEN WAGEN MIT DEM ZUG MIT UND PASSEN GENAU AUF, DASS KEINER UNTER DIE RÄDER KOMMT.

WAGENENGEL

PRO WAGENRAD EIN ENGEL

FUNKEN

DIE ROTEN FUNKEN TRAGEN DIE UNIFORMEN DER FRÜHEREN KÖLNER STADTSOLDATEN. (ES GIBT AUCH BLAUE FUNKEN)

IMMER ICH!!

NUBBEL

DER NUBBEL IST EINE STROHPUPPE, DIE FÜR ALLE SÜNDEN HERHALTEN MUSS, DIE DIE JECKEN BEGANGEN HABEN. UNTER GESANG UND KLAGEN WIRD ER FEIERLICH VERBRANNT

KAMELLE

150 Tonnen Süßigkeiten, Blumen und Spielzeug werden geworfen! Das ist so viel, wie 23 Elefanten wiegen!

KAMELLE

STRÜSSCHER

GUMMIBÄRCHER

SCHUKELAD

PRALINCHER

Kinderstunksitzung im Burgerhaus Stollwerk; Dreikönigenstraße 23; 50678 Köln Altstadt Süd; Tel. 0221 283 14 63; www.kinderstunksitzung.de; verschiedene Termine zur Karnevalszeit; Eintritt für Kinder 9,50 €; Karten frühzeitig bestellen!; Haltestelle Chlodwigplatz. Hier dürfen Erwachsene nur in Begleitung von Kindern rein. Präsident und Elferrat präsentieren Sketche, Clownerien, Akrobatik, Animationen und jede Menge Live-Musik. Ganz wie bei den großen Jecken. Vielleicht sogar besser?

Nubbelverbrennung für Kinder; Bürgerhaus Stollwerk; Dreikönigenstraße 23; 50678 Köln Altstadt Süd; Tel. 0221 283 14 63; Veilchendienstag; Teilnahme kostenlos. An Karneval darf man ja bekanntlich alles! Wenn man dann hinterher doch ein etwas schlechtes Gewissen hat, ist der Nubbel dazu da, für alles herzuhalten. Mit seiner Verbrennung wird feierlich Abschied genommen von den tollen Tagen. Aber keine Sorge, der Nubbel ist ja nur eine Puppe.

Jot Jelunge; Lindenstraße 53; 50674 Köln Innenstadt; Tel. 0221 24 98 91; www.jotjelunge.de; Mo geschlossen, Di–Fr 12–19 Uhr, Sa 11–15 Uhr; Haltestelle Rudolfplatz. Mitten in der Innenstadt, Nähe Rudolfplatz, gibt es alles, was das kleine Jeckenherz begehrt: Von Schminke, Perücken und echten Gummisäbeln bis hin zur rosa Federboa. Hier treffen sich Clowns, Piraten, Prinzessinnen, Funkenmariechen und Comic-Helden zum großen Karnevals-Shoppen.

Deiters, Gürzenichstraße 25; 50667 Köln Innenstadt; Tel. 0221 250 87 11; www.deiters.de; Mo–Fr 10–19 Uhr, Sa 10–16 Uhr; Haltestelle Heumarkt. Wer noch nicht weiß, ob er als Plüschhund, Elvis, Biene Maja oder Knallbonbon gehen soll, findet hier eine riesige Auswahl von unterschiedlichen Kostümen… mmh, oder doch lieber als Sumoringer?

Der Karnevalswierts; Gewerbegebiet Godorf zwischen IKEA und Metro; Otto-Hahn-Straße 17; 50997 Köln Godorf; Tel. 02236 880 80; www.karnevalswierts.com; geöffnet von 1. September bis 31. Dezember Mo–Fr 9–18.30 Uhr, Sa 9–14 Uhr, 2. Januar bis 2. Februar Mo–Fr 9–20 Uhr, Sa 9–18 Uhr, 18. Februar bis 31. August Mo–Fr 10–18 Uhr, Sa 9–14 Uhr. Das jecke Kind von Welt trägt in der fünften Jahreszeit den knallebunten Frei-nach-Schnauze-Look. Besonders im Trend sind wilde Kombinationen aus überdimensionalen Schuhen, roten Nasen zum Aufsetzen und gelockten Perücken in Regenbogenfarben. Oder ein wolkenweißes Kleidchen zu goldenen Flügeln und Heiligenschein. Oder lieber ein All-Over-Puschelplüschanzug kombiniert mit aufsetzbaren Ohren und Ansteckschwanz? Ein absolutes Muss als Accessoir: eine Tüte mit reichlich Stauraum für Kamelle. Noch mehr Ideen? Beim Karnevalswierts wird man bestimmt fündig.

SCHULL- UND VEEDELSZöCH

Schull- und Veedelszöch, Karnevalssonntag ab 11 Uhr, auf etwa der gleichen Strecke wie der Rosenmontagszug, und weitere Züge in jedem Veedel. Bei den Schul- und Veedelszügen sind weniger die großen Prunkwagen zu sehen, dafür kann man hier die originellsten und ungewöhnlichsten Kostüme bestaunen, die von vielen Schulgruppen und Truppen aus allen Stadtteilen präsentiert werden. Auch Sportvereine und sogar große Familien denken sich die tollsten Sachen aus. Zum Schluss wählt dann eine 40-köpfige Jury die Gewinner in den drei Kategorien beste Wagengruppe, beste Fußgruppe und tollste Originalität. Die drei Gewinnergruppen dürfen dann beim Rosenmontagszug mitlaufen. Wer mit Rosenmontagszug und Schull- und Veedelszoch immer noch nicht die Pappnase voll hat, der kann zur jecken Zeit jeden Tag und in jedem Stadtteil und in den umliegenden Dörfern noch mehr Züge ansehen und so viel Kamelle sammeln, dass es bis zum nächsten Karneval reicht.

DIE FARBE DES KAPITELS

HÖREN & SEHEN

IST SCHWARZ.

WIE EIN KINOSAAL, WENN DAS LICHT AUSGEHT. UND WIE SCHWARZE BUCHSTABEN AUF WEIßEM PAPIER.

KINO

CINENOVA

Cinenova; Herbrandstraße 11; 50825 Köln Ehrenfeld; Tel. 0221 954 17 22; www.cinenova.de; Kinderfilme Mo–Fr 3 €; Sa und So 4 €; Haltestelle Venloer Straße/ Gürtel. Im Cinenova kann man Kinderfilme sehen, die sonst nur selten gezeigt werden. Für Nachwuchscineasten ist hier immer was Tolles im Programm.

METROPOLIS

Metropolis; Ebertplatz 19; 50668 Köln Neustadt Nord; Tel. 0221 72 24 36; www.metropolis-koeln.de; Kinderfilme täglich um 14.15, 14.30, 14.45 Uhr; 3 € pro Film; 3,50 € für brandneue Filme; Haltestelle Ebertplatz. Das Metropolis bietet die beste Kinderfilmauswahl der Stadt. Wer nicht genug bekommt, kann auch eines der Kinofestivals für Kinder besuchen.

REX AM RING

Rex am Ring; Hohenzollernring 60; 50672 Köln Innenstadt; Tel. 0221 258 56 44; www.rex-koeln.de; jeder Film 2,99 €; Haltestelle Friesenplatz. Wenn das Taschengeld mal knapp ist, ist das Rex ideal, denn dort kostet jeder Film weniger als 3 Euro. So bleibt mehr übrig für Popcorn und Eis!

ODEON

Odeon; Severinstraße 81; 50678 Köln Altstadt Süd; Tel. 0221 31 31 10; www.odeon-koeln.de; Kinderfilme Sa und So ca. 14 Uhr; Eintritt 3 € für Kinder bis 12 Jahre; Haltestelle Chlodwigplatz oder Severinstraße. Das kleine, aber feine Odeon-Kino liegt versteckt zwischen den Geschäften auf der Severinstraße. Immer am Wochenende stehen hier Kinderfilme auf dem Programm.

JFC MEDIENZENTRUM

JFC Medienzentrum; Hansaring 82–86; 50670 Köln Neustadt Nord; Tel. 0221 13 05 61 50; www.jfcmedienzentrum.de; Haltestelle Hansaring oder Christophstraße/Mediapark. Statt auf dem Sofa zu liegen und Fernsehen zu gucken wäre es doch viel toller, selbst einen Trickfilm zu machen oder mit anderen Jugendlichen ein Hörspiel aufzunehmen. Im Medienzentrum findet man alles, was man dazu braucht. Na dann mal los!

CINEPÄNZ

Cinepänz Kinderfilmfest; über JFC Medienzentrum (siehe oben); www.cinepaenz.de. Einmal im Jahr findet eine Woche lang im November das Kölner Kinderfilmfest statt. In drei Kinos und an neun verschiedenen Spielstätten werden sechs bis acht internationale Kinderfilme gezeigt, die vorher noch nie in Köln zu sehen waren. Eine Kinderjury kürt den Gewinnerfilm, und Aktionen zum Mitmachen gibt es auch, z. B. eine Videowerkstatt.

MUSIK

Rheinische Musikschule

Rheinische Musikschule der Stadt Köln; Vogelsanger Straße 28–32; 50823 Köln Ehrenfeld; Tel. 0221 951 46 90; www.stadt-koeln.de; Musikunterricht ab 30 € monatlich; Haltestelle Piusstraße. Inbrunstig in die Tasten der Quetschkommode greifen oder lieber elfengleich die Harfe bezupfen oder vielleicht doch in die gute alte Blockflöte pusten? In der Musikschule lernt man das Instrument spielen, das einem am besten gefällt.

Jazzhausschule

Offene Jazzhausschule; Eigelstein-Torburg; 50668 Köln Altstadt Nord; Tel. 0221 13 05 65 24; www.jazzhausschule.de; Haltestelle Ebertplatz. Schon die Kleinsten können im BabyMusikGarten und auf der Klangwiese spielerisch ihr Gehör schulen. Die Klangwerkstatt ist für Kindergartenkinder gedacht, die dort kreativ mit Musik bekanntgemacht werden. Und in einer Youngsterband spielen Kinder im Alter von sieben bis zehn Jahren dann schon bekannte Songs aus Rock, Pop und Jazz und versuchen sich sogar an kleinen Improvisationen.

PHILHARMONIE VEEDEL

Kölner Philharmonie; Bischofgartenstraße 1; 50667 Köln Innenstadt; Tel. 0221 20 40 80; Karten unter 0221 28 02 80; www.koelner-philharmonie.de; Haltestelle Dom/Hauptbahnhof. Die Philharmonie kommt in die Veedel. An verschiedenen Orten werden Konzerte für Familien und Kleinkinder gegeben. Bei den Konzerten von PhilharmonieBaby können schwangere Mamas das Baby schon im Bauch mit schöner Musik beschallen lassen oder neugeborene Öhrchen musikalisch verwöhnen.

mimimimi freude schöner götterfunken..

Kinderoper in der Yakulthalle; Offenbachplatz; 50667 Köln Altstadt Nord; Tel. 0221 22 12 84 00; Termine etc. unter www.kinderoper.info; Eintritt für Kinder 6,50 €; Haltestelle Appellhofplatz. In der Oper, die extra für Kinder gebaut wurde, wird ein fantasievolles, fabenfrohes Programm geboten. Auf der Bühne tummeln sich die seltsamsten Gestalten, und auch das Opernhaus selbst ist ein echter Augenschmaus.

← KINDEROPER

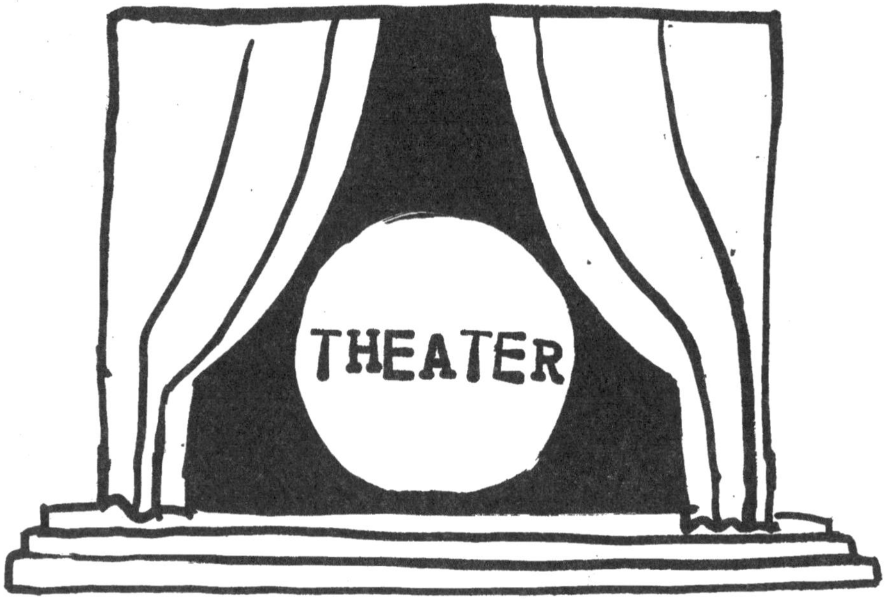
THEATER

Ömmes & Oimel (Comedia); Löwengasse 7–9; 50676 Köln Altstadt-Süd; Tel. 0221 399 60 21, www.oemmesundoimel.de; Eintritt für Kinder 6 €; Haltestelle Severinstraße. Das beliebte Kindertheater im Comedia hat schon so manche Auszeichnung bekommen und bietet eine spannende Auswahl von Stücken. Hier erlebt man Theaterstücke, die einen genauso hohen künstlerischen Anspruch haben, wie man es von Erwachsenentheater kennt.

Gipfelstürmer Theater; Adlerweg 8; 50829 Köln Vogelsang; Tel. 0221 222 39 81; www.gipfelstuermer-koeln.de. Wer selbst im Rampenlicht stehen möchte, z. B. als einer der sieben Zwerge oder als Rumpelstilzchen, der kommt bei Gipfelstürmer auf seine Kosten. Ein bisschen Lampenfieber gibt's hier inklusive, aber hoffentlich wird keiner zur Rampensau! Jeweils zehn bis fünfzehn Kinder spielen beliebte Märchen.

Freies Werkstatt Theater; Zugweg 10; 50677 Köln Südstadt; Tel. 0221 32 78 17; www.fwt-koeln.de; 6 € Eintritt für Kinder; Haltestelle Chlodwigplatz. Die Kinderstücke haben lustige Namen wie beispielsweise „Nulli und Priesemut" oder „Der Teufel mit den drei goldenen Haaren". Es werden auch Stücke für die ganze Familie gezeigt.

KKT

TPZ →

PUSTEBLUME

MIMIKRY

Kölner Künstler Theater; Stammstraße 8; 50823 Köln Ehrenfeld; Tel. 0221 510 76 86; www.k-k-t.de; Kinder zahlen 7 € Eintritt; Gruppen ab 10 Personen 5 € pro Person, Haltestelle Venloer Straße/Gürtel oder Subbelrather Straße/Gürtel. Das Repertoire reicht von „Peter Pan" bis zu „Maigers Wirsing", einem experimentellen Theaterstück mit sogenannter Objektanimation. Was das ist, muss jeder selbst rausfinden!

Theaterpädagogisches Zentrum; Genter Straße 23; 50672 Köln Innenstadt; Tel. 0221 52 17 18; www.tpz-koeln.de; Haltestelle Friesenplatz. Theater spielen! 7–10-Jährige üben z. B. wöchentlich in der Gruppe Donnerknispel, die 10–14-Jährigen haben ihre eigene Gruppe. Einmal im Jahr werden die geübten Stücke dann vor Publikum aufgeführt.

Pusteblume-Zentrum; Hosterstraße 1–5; 50825 Köln Neuehrenfeld; Tel. 0221 955 93 77; www.pusteblume-online.de; während der Schulzeit Mo–Fr 8.30–12 Uhr geöffnet; Haltestelle Subbelrather Straße. Das Pusteblume-Zentrum bietet viele verschiedene Möglichkeiten: Theater spielen, jonglieren, aber auch Ballett und Yoga sind hier im Angebot.

Mimikry Theater; 4 Spielstätten und auf Geburtstagen; Tel. 0221 52 85 64; www.mimikry-theater.de. Mit kuriosen Figuren und verrückten Masken werden Stücke wie „Urmel aus dem Eis" oder „Die Insel der blauen Fledermäuse" gezeigt. Ein großer Spaß, der je nach Stück sogar schon für Vierjährige geeignet ist.

HÄNNESCHEN THEATER

Hänneschen Theater; Eisenmarkt 2–4; 50667 Köln Altstadt Nord, Tel. 0221 258 12 01; www.haenneschen.de; Kasse Mi–So 10–14 Uhr; Eintritt für Kinder 7,50 €; Haltestelle Heumarkt. Die berühmten Kölner Stockpuppen Hänneschen, Bärbelchen, Tünnes und Schäl und viele andere geben sich die Ehre! Sie alle leben in Knollendorf, und was da so alles passiert, erfährt man bei einem Besuch in dem traditionsreichen Theater in der Kölner Altstadt.

CASSIOPEIA

Cassiopeia Bühne; Bergisch Gladbacher Straße 499–501; 51067 Köln Holweide; Tel. 0221 937 87 87; www.cassiopeia-theater.de; 6 € Eintritt für Kinder; Haltestelle Holweide Vischeringstraße oder Marie-Himmelfahrt-Straße. Mit liebevoll gemachten Puppen und Figuren werden eher klassische Stücke wie z. B. „Jorinde und Joringel" gezeigt.

BLAUES HAUS

Puppentheater im Blauen Haus; Severinstraße 120; 50678 Köln Südstadt; Tel. 0221 471 32 39; www.blaues-haus.biz; Eintritt 3,50 € für Kinder; Haltestelle Severinstraße. Das winzig kleine Puppentheater auf der Severinstraße wartet mit witzigen, immer etwas zerknautscht aussehenden Puppen auf. Manche Puppenspieler aus dem Blauen Haus spielen auch bei Käpt'n Blaubär und in der Sesamstraße mit, sind also echte Profis.

LESEN

BIBLIOTHEK BÜCHERBUS

Stadtbibliothek Köln; Josef-Haubrich-Hof 1; 50676 Köln Innenstadt; Tel. 0221 221 238 28; www.stbib-koeln.de; geöffnet Di und Do 10–20 Uhr, Mi und Fr 10–18 Uhr, Sa 10–15 Uhr, für Kinder ist die Mitgliedschaft kostenlos; Haltestelle Neumarkt. Im Leseclub können Kinder von sechs bis fünfzehn Jahren an Schreib- und Malwettbewerben teilnehmen und fürs Lesen Punkte sammeln, mit denen man dann Preise gewinnen kann. Die Lesewelten organisieren Kinderbuchlesungen mit ehrenamtlichen Vorlesern und Vorleserinnen. Papalapap ist eine Initiative zu Sprach- und Leseförderung für Kinder von drei bis sechs.

LIT.KID.COLOGNE

Bücherbus; an wechselnden Orten in Köln; die Haltestellen kann man im Internet auf www.stbib-koeln.de/zweige/bushaltestellen.htm herausfinden. Der Bücherbus kommt auch in dein Veedel gefahren und bringt eine große Auswahl an Bilderbüchern, Comics, Geschichten, CDs und Hörspielen mit. Von Langeweile kann von nun an keine Rede mehr sein.

lit.kid.cologne; www.litcologne.de; Tel. 0221 16 01 80. Einmal im Jahr an fünf Tagen im März lesen Autoren und Schauspieler an den ungewöhnlichsten Orten, wie z. B. im Zoo oder im Kino, aus den besten Kinderbüchern vor. Wenn es wieder so weit ist, liegt das Programm überall aus oder kann im Internet abgerufen werden.

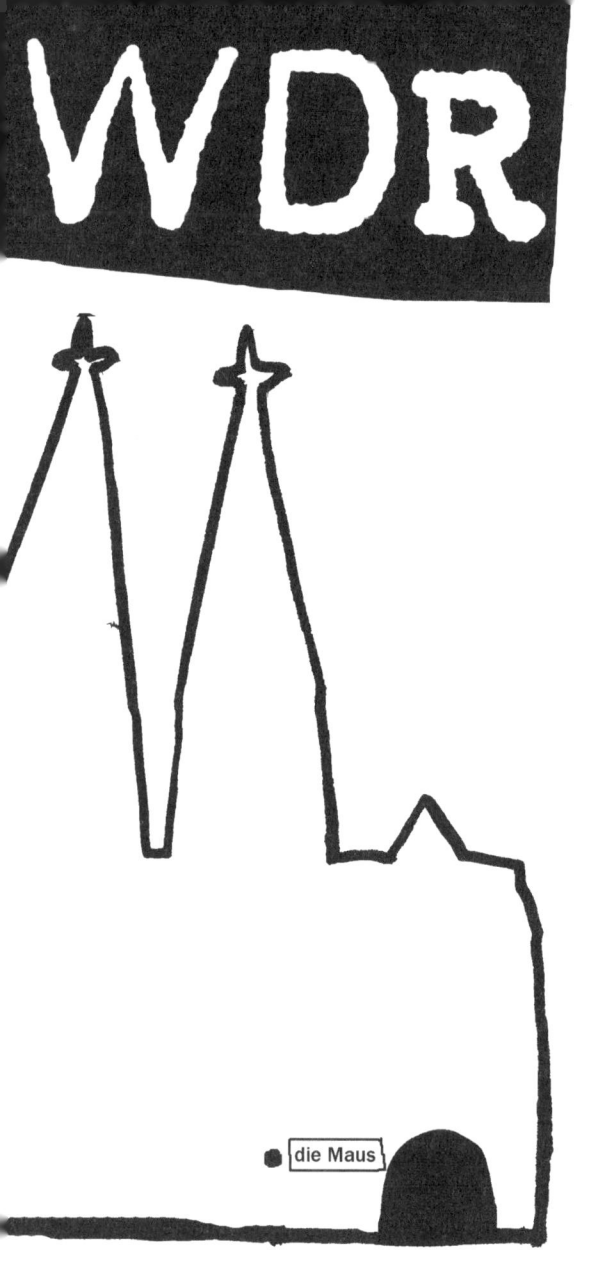

WDR; Appellhofplatz 1; 50676 Köln Innenstadt; Tel. 0221 220 67 44; www.wdr.de; Führungen durch die Studios in der Innenstadt Mo–Fr 10 Uhr nach Anmeldung; Führungen durch die WDR Hörfunk- und Fernsehstudios Mo–So 9, 12 und 15 Uhr, mittwochs auch 17 Uhr nach Anmeldung; Führungen in Bocklemünd Sa und So 11 und 14 Uhr; die Führungen sind kostenlos; Haltestelle Appellhofplatz. Ein Einblick in die Geheimnisse von Funk und Fernsehen ist ziemlich spannend, denn normalerweise sieht man ja immer nur das Endergebnis in der Flimmerkiste. In Bocklemünd kann man sich die Kulisse der berühmten Lindenstraße anschauen, die ist nämlich gar nicht echt! Auch Einblicke in die Schreinerei und den Malersaal in den Werkstätten und in die Studios sind erlaubt.

DIE FARBE DES KAPITELS

KUNST

IST ORANGE.

SO WIE DAS GELBE VOM EI. (BEI KUNST MUB MAN ZWEIMAL HINGUCKEN).

KUNST
SEHEN

Skulpturenpark; Eingang an der Riehler Straße Nähe Zoobrücke; 50668 Köln Altstadt Nord, www.skulpturenparkkoeln.de; geöffnet täglich 10.30–19 Uhr von April bis September und 10.30–17 Uhr von Oktober bis März; Eintritt frei; Haltestelle Zoo/Flora. Ein riesiges rotes Dreieck lugt hinter einem Baum hervor, ein knautschiges Etwas räkelt sich auf der Wiese. Eine überdimensionale goldene Froschkönigkugel liegt umher, und oben in einem Baum hat sich etwas Rotes versteckt. Wie wär's mit einer Entdeckungsreise?

Kölnisches Stadtmuseum; Zeughausstraße 1–3; 50667 Köln Innenstadt; Blick nach oben richten; Haltestelle Appellhofplatz. Wer am Zeughaus nach oben schaut, der wundert sich, denn da steht ein Auto obendrauf! Noch dazu hat es Flügel und ist golden. Ob es da nur eine Zwischenlandung eingelegt hat? Das Flügelauto ist ein Werk des Künstler HA Schult und heißt „Goldener Vogel".

Museum Ludwig; Bischofsgartenstr. 1; 50667 Köln Innenstadt; Tel. 0221 22 12 61 65; für Kinderaktionen den Museumsdienst anrufen: Tel. 0221 22 12 34 68; geöffnet Di–So 10–18 Uhr, jeden 1. Freitag im Monat 10–22 Uhr; Eintritt für Kinder 6 €, auswärtige Schulklassen zahlen pro Schüler 3 €, Haltestelle Dom/Hauptbahnhof. Filigran verträumte Linien von Paul Klee, knallebunte Popart von Andy Warhol und Roy Lichtenstein, die große Vielfalt in Werken von Picasso oder ein Ausflug in die klassische Moderne. Eine von vielen schönen Austellungsstücken ist z. B. auch ein kleiner Raum im Untergeschoss, in dem man eine bunte Sammlung von vielen kuriosen Dingen sehen kann. Im Museum Ludwig findet man durchaus Kunst, die Kindern Spaß macht.

EISCREME

Neumarktgalerie am Neumarkt; 50667 Köln Innenstadt; Haltestelle Neumarkt. Als wäre sie einfach vom Himmel gefallen, klebt da eine riesengroße Eistüte (Geschmacksrichtung Vanille) auf der zur Schildergasse gelegenen Ecke der Neumarktgalerie. Hast du die schon bemerkt?

Wallraf-Richartz-Museum

Wallraf-Richartz-Museum; Obenmarspforten (am Rathaus); 50667 Köln Innenstadt; Tel. 0221 22 12 11 19; für Kinderaktionen den Museumsdienst anrufen: Tel. 0221 22 12 34 68; Di, Mi, Fr 10–18 Uhr, Do 10–22 Uhr, Sa und So 11–18 Uhr; Eintritt für Kinder 5 €; Haltestellen Heumarkt oder Dom/Hauptbahnhof. Alte Schinken aus dem Mittelalter und eine Impressionismussammlung scheinen auf den ersten Blick nicht besonders spannend. Wer genauer hinschaut, findet aber viele interessante Details. Und die Geschichte der heiligen Ursula wird hier in einem mittelalterlichen Comic erzählt!

Museum für Angewandte Kunst

Museum für Angewandte Kunst; An der Rechtsschule; 50667 Köln Innenstadt; Tel. 0221 22 12 67 35; Für Kinderaktionen den Museumsdienst anrufen: Tel. 0221 22 12 34 68; geöffnet Di–So 11–17 Uhr; Eintritt für Kinder 2,60 € für die Sammlung, 1,50 € für die Sonderausstellungen, 3,50 € für ein Kombiticket, „Kunst und Frühstück" zusätzlich 2,50 € für ein kleines Frühstück, 5 € bei etwas größerem Hunger; Haltestelle Dom/Hauptbahnhof. Die Dinge des Alltags können einen ganz besonderen Zauber besitzen. Im Museum für Angewandte Kunst warten viele solcher Gegenstände auf Besucher. Bei einigen schönen Stücken muss man auch mal kichern bei dem Gedanken, dass das mal Mode war. Jeden ersten Sonntag im Monat gibt es von 10–14 Uhr „Kunst und Frühstück" mit Führungen für Kinder und Erwachsene. Vorher anmelden!

KLEINE KÜNSTLER

MAL-SCHULE

Kölner Malschule; Subbelrather Straße 273–275; 50825 Köln Ehrenfeld; Tel. 0221 55 24 04; www.koelner-malschule.de; täglich zwischen 9 und 21 Uhr geöffnet; 6 Malstunden inkl. Material 49 €, 20 Malstunden inkl. Material 149 €, Haltestelle Subbelrather Straße/Gürtel. Wer gerne malt und zeichnet, bekommt in der Kölner Malschule wertvolle Tipps und Unterstützung. Und vor allem kann man gemeinsam mit anderen Kindern den Pinsel schwingen, und so macht es viel mehr Spaß als allein. Wer Lust hat, kann zum Beispiel auch einen Comic malen. Oder einfach eigene Ideen in die Tat umsetzen.

JUGEND-KUNSTSCHULE

Jugendkunstschule Köln; Hamburger Straße 17; 50668 Köln Altstadt Nord; Tel. 0221 13 24 41; www.jugendkunstschule-koeln.de; Anmeldung Mo–Do 10–13 Uhr und 14–20 Uhr, Fr 10–13 Uhr. Die Jugendkunstschule hat Ableger in der Innenstadt, in Junkersdorf und in Kalk, und überall sind tolle Angebote im Programm, z. B. Zeichnen im Zoo, Comics und Ateliersonntage.

MUSEUMS-DIENST

Museumsdienst Köln; Richartzstraße 2–4; 50667 Köln Innenstadt; www.museenkoeln.de für Kurse und Werkstätten Tel. 0221 22 12 40 77; für Führungen Tel. 0221 22 12 34 68 und -273 80; Mo–Do 9–13 Uhr und 14–16 Uhr, Fr 9–13 Uhr. Mit dem Museumsdienst macht Museum richtig Spaß. Es gibt viele verschiedene Führungen mit Themen wie z.B. „Großwildsafari im Museum", „Geheime Verstecke in alten Möbeln" oder „Ein Bilderbuch aus Glas". In den Werkstätten entstehen selbstgemachte kleine Kunstwerke. Pro Halbjahr erscheint ein Programmheft, in dem man alle aktuellen Angebote findet. Außerdem gibt es ein bunt gemischtes Ferienprogramm, das für jeden Geschmack etwas bereithält. Einige Beispiele aus dem Programm für die Sommerferien 2007: Im Labor des Alchimisten, Pop Stars, Mode aus dem Mittelalter, Helden und Zauberwesen, Samurai-Ritter des fernen Ostens und vieles mehr.

SINNENFREUDEN

Sinnenfreuden; Museumsdienst Köln, Tel. 0221 221 254 96. Der Museumsdienst bietet spezielle Führungen für Besucher mit Behinderungen an. Die ein- bis zweistündigen Führungen zu aktuellen Ausstellungen regen die Fantasie kräftig an. Bei Führungen mit Werkstattbesuch kann dann auch aktiv gemalt oder modelliert werden. Bei Sinnenfreuden geht es um eine impulsive Sicht auf die Ausstellungsstücke und immer um eine Erweiterung des Horizonts.

DIE AUTORIN

Andrea Steffen, 1979 in Mülheim an der Ruhr geboren, studierte Kommunikationsdesign in Folkwangtradition an der Uni Essen. Seit 2006 lebt sie in Köln und arbeitet als freischaffende Illustratorin und Grafikerin.

Ich danke meiner Familie, Jan und den Kindern in der OGTS der Grundschule Luzerner Weg.

IMPRESSUM

© Hermann-Josef Emons Verlag
Alle Rechte vorbehalten
© für die Illustrationen bei Andrea Steffen
Idee: Andrea Steffen und Jan Horstmann
Illustrationen, Gestaltung und Texte: Andrea Steffen
Druck und Verarbeitung: Grafisches Centrum Cuno, Calbe
Printed in Germany 2008
ISBN 978-3-89705-596-4

Unser Newsletter informiert Sie
regelmäßig über Neues von emons:
Kostenlos bestellen unter
www.emons-verlag.de